KB141850

10대를 위한

심리학을 빛낸
결정적 질문

심리학을 빛낸

결정적 질문

이남석 지음

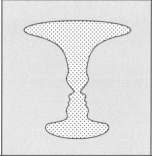

다른

마음의 돋보기를 만든 수많은 질문

"심리학은 재미있습니다."

청소년일 때 저는 방송에서나 선배들에게 이런 말을 많이 들었습니다. 세상에 떠도는 심리학 지식도 재미있었습니다. 친구를 사귈 때는 이러는 게 좋다, 똑똑한 사람은 이런 특징이 있다, 이런 특징을 보면 성격을 쉽게 파악할 수 있다 등. 남들과 이야기할 때 즐겁게 대화를 이끌어 나갈 법한 소재가 심리학에 많아 보였습니다. 그래서 심리학을 대학교 전공으로 선택도 했지요. 하지만 대학에서 학문으로 만난 심리학은 제 예상과 달랐습니다.

인간의 마음이 뇌를 중심으로 만들어지니 생물학 지식이 필요했고, 자신의 가설을 증명하기 위해 실험을 해야 하니 과학적 사고를 할 줄 알아야 했고, 실험 결과를 해석해야 하니 통계 지식을 익혀야 했고, 인간의 마음은 여러 사람과 어울려 살아가면서 시시각각 변하니 사회학 지식도 필요했습니다. 단순히 심리학이 아니라 거의 종합 융합학문을 배우는 느낌이었습니다.

힘들었습니다. 그런데도 저는 대학원 전공을 심리학으로 또 선택했습니다. 그렇게 어렵게 공부하면서도 마음이 무엇인지 알고 싶어 했던 심리학자들의 마음에 감동했거든요. 그렇게 심리학자들의 마음을 이해하자 그들이 왜 남다른 질문을 던지며 연구를 했는지를 이해하게 되었습니다.

저 역시 질문을 던지며 연구를 하고 싶어졌습니다. 심리학은 더 재미있어졌습니다. 그래서 심리학을 중심으로 한 상호작용 전문 융합과학으로 박사학위를 받았습니다. 그 이후로도 저는 줄곧 계속 심리학을 놓지 않고 있습니다. 대학에서 강의했을 때부터 지금까지 당당하게 말합니다. "심리학은 정말 재미있습니다."

여러분도 마음이 무엇인지 알고 싶지 않나요? 누구에게나 마음이 있지만 언제나 자기 마음을 잘 아는 것은 아닙니다. 다른 사람들 역시 자기 마음을 잘 모를 때도 있고, 안다 해도 친한 사람들에게조차 알려 주지 않을 때도 많습니다. 그래서 심리학이 필요합니다. 심리학 연구를 통해서 확인된 인간의 심리를 돋보기 삼아 찬찬히 잘 들여다보면 자신의 마음도, 다른 사람들의 마음도 더 정확하게 알 수 있습니다. 여러 사람이 모여서 만든 이 사회는 다양한 마음이 움직여서 유지되고 있습니다. 심리학의 도움을 받는다면 마음은 물론 사회도 잘 이해할 수 있습니다.

사실 심리학은 200년도 채 되지 않은 학문입니다. 하지만 뛰어난 사람들이 심리학 발전에 이바지해 놀라운 성과를 이뤄 냈지요. 연구자들의 성과는 다양합니다. 조금 다른 정도가 아니라, 완전히 다른 결론을 내린 경우도 많습니다. 어쩌면 그만큼 인간의 마음이 다양하고 오묘하기 때문이 아닐까 싶습니다. 연구자들은 저마다 마음의 비밀에 대해 생각하는 바가 달랐고, 저마다 다른 연구를 했습니다. 이렇게 연구 방법과 결론이 다른 까닭은 마음의 비밀에 대해 던진 질문이 다양했기 때문입니다. 이 책은 연구자들이 심리학을 선택해서 일생을 바칠 정도로 가슴에 불을 지핀 출발점인 각자의 질문에서부터 시작합니다.

《10대를 위한 심리학을 빛낸 결정적 질문》은 제목 그대로 심리학이 현재의 심리학이 되기까지 출발점이자 전환점이 되었던 핵심 질문을 뽑았습니다. 그 질문들에 대한 답은 심리학적으로 의미 있는 지식일 뿐만 아니라 인생 전반에 걸친 지혜를 쌓는 길 앞에서 본격적인 성장을 앞둔 10대 독자들이 사고력을 계발하는

데도 도움이 될 것입니다.

고대부터 인간은 마음에 대해 궁금해했습니다. 그 궁금함이 쌓이고 쌓이며 여러 시행착오를 거쳐 새로운 학문인 심리학이 만들어졌고, 여러 번 질문을 바꾸며 더 성장했습니다. 어쩌면 이 과정은 수많은 사람이 살아왔고 우리가 앞으로 살아가야 할 인생과도 많이 닮아 있습니다. 심리학은 인간의 마음을 다루는 학문이니 다른 학문들보다 더 닮을 수밖에요.

심리학자들은 다른 학자가 질문에 답한 것을 그대로 받아들이지만은 않았습니다. 그 답을 의심하고, 자기 질문을 만들었고 자기 나름대로 답을 찾았습니다. 그래서 심리학의 질문들은 꼬리에 꼬리를 무는 경우가 많습니다. 따라서 이 책을 볼 때도 관심이 있는 몇몇 부분만 살펴보기보다는 처음부터 끝까지 차례대로 읽기를 추천합니다. 또 이해되지 않는 부분이 있다면 그 부분부터 여러분 나름대로 질문을 던져 보는 것도 좋습니다. 이 책에 소개된 눈부신 연구들도 다 그렇게 시작했으니까요.

자, 이제 재미있는 심리학의 세계로 떠나 볼까요?

차례

들어가며　004
무엇이든 물어보세요!　012

결정적 질문 1　**마음**
사람의 마음을 바꿀 수 있을까?　014

논리적으로 설득하지 않아도 마음을 바꿀 수 있을까? · 인간의 마음을 객관적으로 연구할 수 있을까? · 사람의 마음을 바꾸는 방법 · 당근과 채찍 같은 강화와 처벌 · 보상은 어떻게 주는 것이 가장 좋을까? · 꼬리에 꼬리를 무는 질문

결정적 질문 2　**성격**
사람의 성격을 어떻게 알 수 있을까?　038

사이비 심리학과 진짜 심리학이 바라보는 성격의 차이 · 심리학자들은 성격을 어떻게 이해하고 있을까? · 심리학에서 인정하는 성격 검사

결정적 질문 3 | **기억**
모든 것을 기억할 수 있다면 더 좋을까? 058

언제부터 심리학은 기억을 연구했을까? · 모든 것을 정
확히 기억하면 어떻게 될까? · 심리학에서 인정하는 기
억술 · 중요한 사건에 대한 기억만큼은 정확하지 않을
까? · 감각을 통해 기억한 것은 모두 정확할까? · 고통
을 줄이는 방법

결정적 질문 4 | **인공지능**
생각하는 기계를 만들 수 있을까? 084

인공지능은 언제부터 만들어졌을까? · 무엇이 더 자연
스러운가? · 인공지능으로 무엇을 할 수 있을까? · 편리
한 기계를 만드는 길은 무엇일까?

결정적 질문 5 | **이성과 감성**
이성과 감성 가운데 무엇이 더 힘이 셀까? 110

심리학에서는 이성과 감성을 어떻게 다룰까? · 이성과 감성 가운데 무엇이 더 힘이 셀까? · 비합리적으로 보이는 것에 마음의 비밀이 있지 않을까? · 이성과 감성의 조화를 어떻게 이뤄야 할까?

결정적 질문 6 | **개인과 집단**
다른 사람과 함께할 때 마음은 어떻게 달라질까? 136

인간은 다른 사람과 함께할 때 어디까지 달라질 수 있을까? · 개인적 생각과 집단의 생각은 어떻게 다를까? · '내로남불'의 오류를 줄이고 갈등을 해결하는 방법 · 사람의 인상은 어떻게 만들어질까? · 친구 따라 강남 간다고?

결정적 질문 7 | **행복**
어떻게 하면 더 즐겁게 살 수 있을까? 158

긍정심리학이 등장한 배경 · 낙관성은 어떻게 키울 수
있을까? · 행복한 삶의 조건은 무엇일까? · 행복한 생각
이나 감정을 끌어내는 방법들 · 성공해서 행복한 것일
까, 행복해서 성공하는 것일까? · 강점 발견으로 행복을
어떻게 만들 수 있을까?

교과 연계 188
참고 자료 190

질문 난이도 ★☆☆

징크스는 왜 생기나요? → 25쪽

도박 중독자는 왜 도박에서 빠져나오지 못하나요? → 32쪽

성격은 타고나나요, 만들어지나요? → 44쪽

짝사랑 상대에게 까칠하게 구는 심리는 무엇인가요? → 45쪽

사이코패스는 보통 사람과 어떻게 다르나요? → 55쪽

어떻게 하면 공부한 것을 더 잘 기억할까요? → 63쪽

모든 것을 기억하는 사람이 실제로 있나요? → 67쪽

원형 탁자에 모여 앉으면 왜 더 소통이 잘 되나요? → 100쪽

마트에는 왜 9,900원, 19,900원 같은 값의 물건이 많나요? → 127쪽

홈쇼핑에서는 왜 '완판' 상품을 강조하나요? → 141쪽

인터넷에 심한 악플을 쓰는 심리는 무엇인가요? → 147쪽

첫인상은 무엇에 좌우되나요? → 150쪽

질문 난이도 ★★☆

심리학자들은 왜 MBTI를 정식 검사로 인정하지 않나요? → 41쪽

사람의 욕구를 단계별로 분류할 수 있나요? → 49쪽

기쁨, 슬픔 같은 감정은 어떻게 기억에 영향을 주나요? → 75쪽

스마트폰 개발에 심리학 개념은 어떻게 활용되었나요? → 109쪽

과거 철학자들은 왜 감성보다 이성을 중요시했나요? → 113쪽

타인의 행동을 따라 하는 카멜레온 효과는 왜 생기나요? → 145쪽

낙관성을 키우는 세 가지 원칙은 무엇인가요? → 168쪽

질문 난이도 ★★★

무언가를 기억할 때 '초두 효과'는 왜 중요한가요? → 66쪽

'자서전적 기억'과 '섬광 기억'은 어떻게 다르나요? → 73쪽

'매직 넘버 7'은 실생활에서 어떻게 활용되나요? → 88쪽

행동주의는 알고리즘 개발에 어떤 영향을 주었나요? → 90쪽

'약한 인공지능'과 '강한 인공지능'의 차이는 무엇인가요? → 101쪽

감정과 전두엽 피질은 어떤 관계가 있나요? → 116쪽

마음

결정적 질문 ①

사람의 마음을

바꿀 수 있을까?

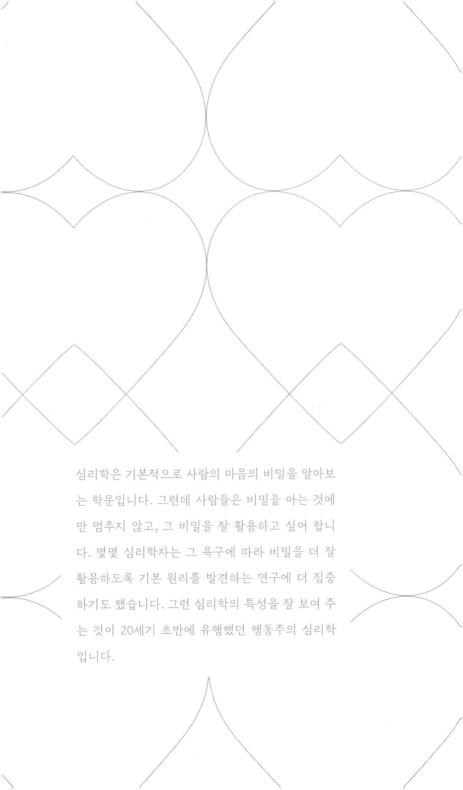

심리학은 기본적으로 사람의 마음의 비밀을 알아보는 학문입니다. 그런데 사람들은 비밀을 아는 것에만 멈추지 않고, 그 비밀을 잘 활용하고 싶어 합니다. 몇몇 심리학자는 그 욕구에 따라 비밀을 더 잘 활용하도록 기본 원리를 발견하는 연구에 더 집중하기도 했습니다. 그런 심리학의 특성을 잘 보여 주는 것이 20세기 초반에 유행했던 행동주의 심리학입니다.

심리학은 사람의 마음이 어떤 구조인지, 어떻게 움직이는지를 연구하는 학문입니다. 그런데 철학도 마음을 다룹니다. 그래서 심리학이 철학과 같다고 생각하는 사람도 많습니다. 하지만 심리학은 철학처럼 논리적으로 사고하며 추상적인 개념을 다루는 학문이 아닙니다. 심리학은 실험과 조사, 관찰 등의 과학적 방법을 통해 마음을 다룹니다.

심리학은 과학입니다. 그래서 물리학이나 수학처럼 어떤 현상에 숨어 있는 원리를 밝히는 데 가장 큰 목적이 있습니다. 이것이 이른바 심리학의 순수 학문적 목적입니다. 그리고 다른 과학이 그렇듯 심리학에도 뚜렷한 목적이 있습니다. 바로 밝혀진 원리를 응용하고 싶어 하는 실용적 목적이지요.

심리학자는 순수 학문적 목적과 실용적 목적 모두를 추구하는 사람입니다. 당연히 마음의 원리를 안다면 사람의 마음을 바꾸는 응용도 쉽게 할 수 있다고 생각한 심리학자들이 있습니다. 생각에서 멈춘 것이 아닙니다. 20세기 초반의 심리학자들은 간단한 조작으로 사람의 마음을 바꿀 수 있다는 사실을 실제 실험으로 증명했습니다.

미국 존스홉킨스대학교의 심리학자 존 왓슨은 1920년,

9개월 된 앨버트라는 아기를 대상으로 다음과 같이 실험했습니다. 앨버트는 강아지, 흰쥐 등을 겁을 내지 않고 손을 뻗어 만지려 하며 호기심을 보였습니다. 그런데 앨버트가 강아지나 흰쥐 등을 만지려 할 때 실험자가 쇠막대 등을 두드려 큰 소음을 냈습니다. 이 과정을 일주일에 두 번씩 7주에 걸쳐 반복했습니다. 그러자 동물을 보면 호기심으로 가득 찼던 앨버트의 마음이 변했습니다. 큰 소리에 놀라 울고 무서워하기 시작한 것입니다. 즉 앨버트에게 전에 없던 공포가 생긴 것입니다.

실험으로 마음이 바뀐 것은 확실합니다. 그런데 그 효과는 얼마나 지속되었을까요? 실험실에서 간단한 조작으로 바꾼 것이니 곧 본래 마음으로 돌아왔을까요?

2012년 심리학자 러스 파웰과 낸시 디건은 앨버트의 인생을 추적했습니다. 앨버트는 왓슨이 일하던 존스홉킨스 대학교 간호사의 아이였는데, 가족들 증언에 따르면 2007년 사망할 때까지 개나 고양이 등 동물을 싫어했다고 합니다. 앨버트가 원래부터 동물을 싫어하지 않았음을 잊지 말아야 합니다. 아주 어릴 때 받은 큰 소음이라는 자극이 그의 마음에 영향을 미친 것이 틀림없습니다.

왓슨의 연구 이전에는 사람의 마음을 바꾸는 일이 아주

1920년 존 왓슨의 '어린 앨버트 실험' 장면입니다. 동물에 두려움 없이 호기심을 보이던 생후 9개월의 앨버트가 동물에 손을 뻗을 때마다 큰 소음을 내는 실험을 한 이후, 이후 앨버트는 평생 동물을 싫어하게 되었습니다. 이 실험은 간단한 조작만으로도 사람의 마음을 바꿀 수 있다는 점을 드러내 많은 심리학자에게 영향을 주었습니다.

힘들 거라고 생각했습니다. 복잡한 무의식, 엄격한 이성이 지배하는 의식 등이 마음속에 모두 있으니 말입니다. 하지만 실제로는 어떤가요? 어린 앨버트 실험을 다시 떠올려 봅시다.

오랜 시간을 들여 동물을 싫어해야 한다고 논리를 가지고 앨버트가 확실히 의식할 수 있게 이성적으로 설득한 것이 아닙니다. 앨버트가 해당 동물에 치명적인 공격을 받은 경험 때문에 무의식적으로 동물을 싫어하게 된 것도 아닙니다. 동물 자체에 있는 요소 때문도 아니었고, 앨버트의 기본 성향이 그러했던 것도 아닙니다. 바로 외부 자극인 소음이라는 간단한 조작만으로도 마음이 바뀌었지요.

왓슨의 연구 결과는 **행동치료**의 이론적 기반이 되었고, 많은 심리학자가 큰 영향을 받았습니다. 그중 대표적인 인물이 바로 버러스 프레더릭 스키너입니다.

행동치료

행동치료를 연구한 심리학자인 메리 코버 존스는 앨버트의 실험 과정과 반대되는 연구를 했습니다. 이번에는 흰쥐에 대한 공포증으로 힘들어하는 세 살짜리 남자아이 피터를 데리고 실험했습니다. 존스는 흰쥐 옆에 아이가 좋아하는 음식을 함께 두었습니다. 흰쥐라는 혐오 자극 옆에 좋아하는 음식이라는 긍정 자극을 결합시킨 이 실험 결과는 성공적이었습니다. 좋아하는 음식이라는 긍정 자극 덕분에 피터는 흰쥐에 대한 두려움을 점차 줄여 나갔고 조금씩 흰쥐에 가까이 갈 수 있게 되었습니다. 그리고 피터는 결국 두려움 없이 흰쥐를 만질 수 있게 되어 공포증을 이기게 되었습니다.

이렇듯 심리학은 공포증을 만들 수도 있고, 없앨 수도 있습니다. 원리는 똑같습니다. 바로 자극 연합의 원리입니다. 앨버트는 큰 소음-흰쥐의 연합이었고, 피터는 좋아하는 음식-흰쥐 연합이라는 자극 대상에 차이만 있었을 뿐입니다.

참고로 20세기 후반부터는 연구 윤리에 따라 사람에게 트라우마를 갖게 할 수 있는 실험은 하지 못하게 되었습니다. 혹시라도 21세기 현대의 심리학 실험도 비인간적이지는 않을까 너무 걱정하지는 마시길 바랍니다. 사람 마음이 얼마나 쉽게 바뀔 수 있는지 알게 되었기에 더 조심할 수밖에 없게 된 것이지요.

인간의 마음을 객관적으로 연구할 수 있을까?

스키너는 과학으로서의 심리학을 연구하려면 추상적으로 보이지 않는 마음의 요소를 다루지 않아야겠다고 생각했습니다. 그 대신 객관적으로 확인할 수 있는 자극과 반응을 중심으로 실험해야 한다고 여겼습니다. 또 인간이나 동물이나 유기체이니 마음의 작동 원리는 자극에 대한 반응으로서 똑같다고 주장했습니다. 그리고 자기의 이론을 실험적으로 증명하기 위해 '스키너 상자'라는 장치를 고안하기도 했습니다.

스키너 상자에서 가장 중요한 것은 먹이통과 연결된 지렛대(반응 레버)입니다. 이 지렛대를 누르면 먹이가 나옵니다. 스키너는 스키너 상자를 가지고 다음과 같이 실험을 진행했습니다.

1. 실험자는 배고픈 상태의 흰쥐를 스키너 상자에 넣는다.
2. 흰쥐는 스키너 상자 안에서 돌아다니다가 우연히 지렛대를 누르게 된다.
3. 지렛대를 누르자 먹이가 나온다.
4. 지렛대와 먹이 간의 상관관계를 알지 못하는 쥐는 다시 상자 안을 돌아다닌다.
5. 다시 우연히 지렛대를 누르자 또 먹이가 나온다.
6. 쥐는 지렛대를 누르는 행동을 자주 하게 된다.
7. 이러한 과정이 반복되면서 흰쥐는 지렛대를 누르면 먹이가 나온다는 사실을 학습한다.

이 실험 과정을 읽고 여러분 머릿속에 떠오르는 장면이 있나요? 예를 들어 반려견을 훈련시킬 때 '앉아' 같은 명령을 하고 지시에 따랐을 때 먹이를 주는 과정을 반복하면 결국 그 행동을 학습하는 사례 같은 것 말입니다.

그런데 만약 보상인 먹이를 주지 않았다면 어땠을까요? 쥐가 지렛대를 눌러도 먹이가 나오지 않았다면 굳이 지렛대를 열심히 누르지는 않았을 것입니다. 반려견도 먹이가 없

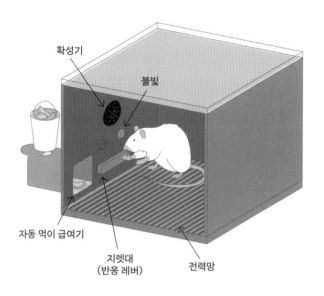

확성기

불빛

자동 먹이 급여기

지렛대
(반응 레버)

전력망

스키너가 쥐의 학습 과정을 연구하기 위해 고안한 상자입니다. 상자 안에 지렛대가 있어
쥐가 이것을 누르면 먹이가 나오게 되어 있습니다.

는데 주인 명령에 알아서 따르지는 않겠지요.

　동물만 그럴까요? 보상이 없어도 공부와 심부름 등을 하
는 사람도 있기는 합니다. 하지만 보상이 있을 때 하는 사람
보다는 적을 것입니다. 보상이 없어도 공부와 심부름을 하
는 사람은 지금은 아니지만 습관으로 굳어지기 전인 초기에
는 보상으로 효과를 보았을 수도 있습니다. 반복적으로 보
상받은 경험이 있어서 보상이 없어도 습관적으로 자연스럽

게 실행하게 된 것일 수도 있고요.

게임으로 예를 들어 보겠습니다. 게임에서 보상이 없으면 대개 그 게임에 대한 흥미를 잃어버립니다. 반대로 보상이 확실하면 게임이 더 재미있어지지요. 그래서 게임 회사에서는 보상이 될만한 아이템 등에 신경을 많이 씁니다.

여러분도 일상을 한번 살펴보세요. 보상이 있을 때 훨씬 해당 행동을 할 확률이 더 높아지는 것을 쉽게 확인할 수 있을 것입니다. 그중에서도 스스로에게 주는 보상을 가리켜 프리맥 효과라 일컫습니다.

지금까지의 이야기를 학문적으로 정리하면서 더 자세히 살펴보도록 하겠습니다. 심리학에서 어떤 행동을 한 뒤에

TIP

프리맥 효과

심리학자 데이비드 프리맥은 외부의 물질적 자극이 아닌 자신의 행동도 강화물이 될 수 있음을 연구를 통해 밝혔습니다. 예를 들어 컴퓨터 게임을 좋아하는 학생은 일정한 양의 참고서 문제를 푸는 등 공부한 이후에 컴퓨터 게임을 해야 공부 효과도 높아질 수 있습니다. 보상이 될 게임을 누리기 위해 스스로 공부하는 것입니다. 단, 컴퓨터 게임을 먼저하고 공부하는 것은 효과가 없습니다. 바람직한 행동을 하기 전에 보상을 먼저 받았기 때문입니다.

유기체가 원하는 것을 제공하는 것을 강화^{reinforcement}라고 합니다. 강화를 하면 해당 행동을 더 자주 하게 되지요. 이렇게 특정 자극과 강화물을 연결 지으면 특정 행동을 반응으로 할 조건 형성이 되었다고 표현합니다.

스키너는 아주 복잡해 보이는 행동이라 해도 자극과 반응의 연합으로 나눌 수 있다고 생각했습니다. 그리고 그 연합을 강화를 통해서 바꿀 수도 있다고 생각했지요. 무의식이나 의식 같은 복잡한 개념 없이도 객관적으로 경험할 수 있는 자극과 강화물, 반응으로 충분히 인간의 행동을 설명할 수 있다고 주장했습니다.

일상적이지 않은 미신 행동$^{superstitious behavior}$까지도 스키너의 이론으로 설명할 수 있습니다. 미신 행동의 쉬운 예가 징크스입니다. 어떤 운동선수가 빨간 속옷을 입었더니 승리했다면 다음 경기에서도 승리하려고 빨간 속옷을 반드시 입으려하는 행동 같은 것이 바로 징크스입니다. 징크스는 실제로는 보상과는 무관한 행동이 보상으로 이어졌다고 믿고, 보상을 받으려고 그 행동을 계속 고집하는 것입니다. 이 징크스 현상을 설명하는 데는 보상과 연합된 대상 이외에 다른 추상적 개념이 필요 없습니다. 이렇게 간략한 설명이 행동심리학자들이 주창한 이론의 최대 장점입니다.

　강화물에는 일차적 강화물과 이차적 강화물이 있습니다. 일차적 강화물은 음식, 물처럼 생존과 직결되어 유기체의 행동 횟수를 직접 늘릴 수 있는 강화 요인입니다. 일차적 강화물은 주로 물질적인 특징이 있습니다. 이에 비해 이차적 강화물은 쿠폰처럼 유기체의 행동 횟수를 바로 늘리지는 못하더라도 일차적 강화물과 함께 짝 지워져 행동을 증가시키는 강화 요인입니다. 쿠폰 자체는 종이 또는 이미지에 지나지 않지만, 그 쿠폰으로 일차적 강화물인 음식과 바꿀 수 있으니 그 가게를 더 자주 이용하게 유도하는 것처럼 말입니다. 물질적이지 않은 칭찬도 대표적인 이차적 강화물입니다.

　강화에는 긍정적 강화와 부정적 강화가 있습니다. 긍정적 강화는 말 그대로 유쾌한 자극을 줘서 원하는 행동을 증가시키는 것입니다. 예를 들어 교사가 발표 수업에서 학생들이 적극적으로 참여하도록 유도하기 위해 발표할 때마다 추가 점수를 주거나 간식을 주는 것 같은 사례지요. 게임에 자주 접속하게 하려고 로그인할 때마다 특별 마일리지를 쌓아주어서 신규 아이템과 교환할 수 있도록 하는 이벤트를 하는 것도 긍정적 강화라고 할 수 있습니다.

한편 부정적 강화는 혐오 자극을 없애서 행동을 증가시키는 것입니다. '부정적 강화'라고 해서 이것이 반드시 부정적인 자극으로 행동을 강화하는 것이라 오해해서는 안 됩니다. 예를 들어 뙤약볕에서 운동장 청소를 해야 하는 학생에게 "오늘 수업에 열심히 참여하면 운동장 청소를 하지 않아도 좋다"라고 말해 학생이 수업에 몰두하도록 하는 것이 바로 부정적 강화입니다. 수련회에 갔을 때 진행자가 레크레이션 게임에서 이기면 야외 취침과 같은 벌칙에서 면제된다고 말해 게임에 더 적극적으로 참여하게 만드는 것도 부정적 강화의 사례입니다.

지금까지는 특정 행동을 증가시키는 강화에 대해 설명했습니다. 하지만 반대로 그런 행동을 줄이는 자극도 있습니다. 바로 '처벌'입니다.

처벌에는 두 가지 종류가 있습니다. 하나는 혐오 자극을 줘서 특정 행동을 덜 하게 하는 방법입니다. 대표적인 사례가 바로 체벌입니다. 다른 하나는 유쾌했던 자극을 없애서 특정 행동을 줄이는 방법입니다. 학생이 공부에 집중하지 않고 휴대폰을 만지작거리며 노는 것을 본 부모가 휴대폰을 뺏거나 게임하는 시간을 줄여 더 놀지 못하게 하는 것처럼 말입니다.

당근과 채찍 같은 강화와 처벌

사람의 마음을 쉽게 바꾼다는 것은 편리하기도 하지만 위험할 수도 있습니다. 쉽다는 게 꼭 올바르다는 뜻은 아니니 말입니다. 올바르게 사람의 마음을 바꾸려면 어떻게 해야할까요?

첫째, 처벌과 강화는 그것을 행하는 사람 편이 아니라 받는 사람 편에서 생각해 보아야 합니다. 예를 들어 친구들과 큰 소리로 떠들고 있는 학생들에게 "교실 밖으로 나가 있어!"라고 교사가 말한다면 어떨까요? 교사로서 그 명령은 유쾌한 자극을 그만두게 하는 처벌을 내린 것이지만, 정작 학생들은 그 지시를 교실 밖으로 나가서 놀아도 된다는 보상으로 여긴다면 어떨까요? 문제 행동을 덜 하기는커녕 오히려 더 하겠지요.

한편 어떤 학생이 수업 시간에 적극적이어서 교사가 "자, 발표 점수가 만점이니 상으로 방과후에 나랑 수학 문제 더 풀어 보자"라고 이야기했다고 해 봅시다. 학생이 그런 보상을 바라고 있었다면 모를까, 교사의 제안을 받아들이기 싫다면 수업에 덜 적극적으로 참여하겠지요.

따라서 처벌과 강화로 무엇이 좋을지는 당사자 간에 합의

처벌과 보상을 어떻게 활용해야 인간의 마음과 행동을 더 효율적으로 변화시킬 수 있을까요?

하는 것이 가장 좋습니다. 원하는 행동을 했을 때 보상도 정하고, 해당 행동을 하지 않았을 때의 처벌도 미리 정하는 것이 좋습니다.

둘째, 특히 처벌은 아주 조심스럽게 사용해야 합니다. 처벌 위주로 사람의 마음을 바꾸려 하면 득보다 실이 더 많습니다. 무엇보다 처벌은 스트레스를 줍니다. 그리고 사람을 수동적으로 만들기 쉽습니다. 더구나 수시로 벌받는 상황에서 바람직하지 않다고 생각하는 행동을 했는데도 어쩌다 처벌받지 않게 되면 어떻게 될까요? 그 행동이 옳거나 괜찮다고 믿게 되어 해당 행동을 더 하게 되거나 그저 감시의 눈길을 피하기만 된다고 생각하는 부작용이 일어날 수 있습니다.

바람직하지 않은 행동을 했으면 곧바로 처벌을 내리는 게 좋습니다. 그리고 단지 잘못을 지적하지 말고 그 대신 해야 할 행동도 꼭 알려 줘야 합니다. 또 바람직한 행동을 할 때 얻을 수 있는 강화물도 미리 알려 줘서 해당 행동을 하도록 유도해야 합니다.

학생에게 문제 행동을 하면 받는 처벌뿐만 아니라 좋은 행동을 했을 경우의 보상도 확실하게 알려 주면 학생이 올바르게 행동할 가능성이 높습니다. 군대에서도 문제가 생기면 처벌을 내리는 한편, 모범적인 병사가 휴가를 얼마나 많이 갈 수 있는지도 군인들에게 함께 알려 줍니다. 회사에서도 마찬가지입니다. 직원들에게 문제 행동에 대한 처벌로서의 징계 사항과 바람직한 성과를 내면 얼마나 많은 보너스를 주고 승진을 시켜 줄지 같은 보상을 미리 알려서 그들이 문제 행동보다는 바람직한 행동을 하도록 유도합니다.

이렇듯 세상에는 행동심리학자들의 이론에 따라 효과적으로 설계된 시스템이 많이 있습니다. 그 시스템을 잘 활용하려면 처벌의 목적이 단지 실수 후에 벌주는 것 자체가 되어서는 안 됩니다. 처벌의 목적은 결국 바람직한 행동을 더 많이 하도록 이끄는 데 있음을 잊지 말아야 합니다. 만약 여러분이 처벌을 받는 상황이라면, 바람직한 행동이 과연 무엇인지 확인하고 다음에는 실수를 교훈 삼아 바람직한 행동을 해서 보상받도록 노력하는 것이 좋습니다.

보상은 어떻게 주는 것이 가장 좋을까?

스키너 상자를 상상해 보세요. 쥐가 지렛대를 눌렀는데 언제나 똑같은 비율로 먹이가 나오는 조건과 가끔 나오기도 하고 먹이가 얼마나 나오는지도 모르는 조건 가운데 어느 조건에서 쥐가 지렛대를 열심히 눌렀을까요? 여러분이 쥐가 아니라서 잘 모르겠다고요? 그렇다면 여러분이 경험한 인간 세상을 떠올려 보세요.

뭔가 행동을 했는데 언제나 그에 맞게 보상이 정해진 시기에 정해진 만큼 나오는 상황과 언제 보상이 얼마나 주어질지 모르는 상황 가운데 어떨 때 더 열심히 했나요? 아주 구체적으로 생각해 보세요. 게임을 떠올려 봐도 됩니다. 아이템을 모으기 위해 여기저기 돌아다닐 때 일정한 주기에 일정한 양으로 보상이 그냥 주어진다면 굳이 열심히 여기저기 찾아보지는 않겠지요. 언제 얼마나 주어질지 모를 때 더 열심히 찾게 됩니다.

고정된 간격에 고정된 비율로 보상을 주는 것이 처음에는 좋아 보입니다. 하지만 인간의 마음을 움직이는 데에는 한계가 있습니다. 매달 정해진 날에 정해진 금액을 월급으로 받는 어른들을 떠올려 보세요. 정해진 월급보다도 갑자기 주어지는 보너스나 휴가를 더 반가워하지 않나요? 쿠폰 열 장을 모아서 치킨 한 마리로 바꾸러 갈 때보다, 평상시처럼 매장을 방문했는데 갑자기 포장 고객 이벤트 당첨으로 치킨 한 마리를 받았을 때 더 큰 보상을 받았다는 기분이 들지 않나요? 매번 당첨되는 것도 아니고 언제 당첨될지 모르는데도 만족도가 더 높습니다.

스키너는 인간과 쥐 등의 동물이 유기체로서 모두 같은 자극-반응 패턴을 보인다고 봤습니다. 스키너의 연구에서도 고정된 보상 조건의 쥐들은 지렛대를 누르는 동작을 시간이 갈수록 덜 했고, 결국에는 그만두었습니다. 반면 언제 보상이 주어지는지 모르는 조건에서는 며칠이 지나도록 레버를 누르는 동작을 멈추지 않았습니다.

스키너 이론으로 도박 중독자의 행동도 충분히 설명할 수 있습니다. 도박 중독자는 처음부터 중독에 빠진 것이 아닙니다. 대수롭지 않게 도박을 했는데, 우연히 돈을 많이 따는 큰 행운을 맛본 것이 중요한 시작점이 됩니다. 기대하지 않았던 순간에 기대하지 않았던 보상을 받고 나면 도박으로 손실을 계속 보고 있어도 도박장을 찾습니다.

손실로 마음이 괴로우니 도박장을 찾지 않게 될 거라고요? 눈 앞에 펼쳐지는 실제 상황은 처참한 실패가 맞습니다. 하지만 머릿속에는 언제 누릴지 모르지만 보상을 한껏 누리는 자신의 모습으로 가득 차 있지요. 결국 머릿속 보상 자극으로 도박 중독자는 즐거움을 느끼는 것입니다. 손실이 클수록 반전의 보상에 더 매달립니다. 그렇게 늪에 빠지듯이 계속 도박에 중독되는 것입니다.

한편 언제 주어질지 모르는 보상이 인간을 도박처럼 나쁜 길로만 이끄는 것은 아닙니다. 위대한 발명과 발견 속에도 간헐적 보상의 힘이 녹아 있습니다. 전구가 발명되기까지의 과정만 해도 그렇습니다. 최초의 전구는 1802년 영국의 화학자 험프리 데이비가 발명했지만 필라멘트의 수명이 너무 짧아 실제로 사용하기는 어려웠습니다. 그 이후 1879년 미국의 발명왕 토머스 에디슨이 1,200시간 동안 사용할 수 있는 가느다란 필라멘트를 개발할 때까지 많은 과학자와 발명가가 오래가는 전구를 만들려고 노력했지만 뜻대로 되지 않았습니다. 합리적으로 따진다면 에디슨 이전 70여 년 간 노력한 발명가와 연구자는 어느 정도 시도해 보고 잘되지 않으면 연구를 멈췄어야 했겠지요. 발명에 성공할 것이라는 보장이 없으니 말입니다. 대단한 능력과 기술을 가진 이들조차도 수없이 실패했고, 성공의 단맛을 보지 못했습니다. 하지만 모두 연구를 멈추지 않았습니다. 몇 년 후에는 반드시 보상이 있을 것이라는 보장이 아니라 언제 얼마나 보상이 주어지는지 모르는 상황이 오히려 더 열심히 발명에 매달리게 한 것입니다.

　다른 위대한 발명과 발견 역시 이렇게 간헐적 보상에 집중한 결과인 경우가 더 많을 겁니다. 역사적 발명과 발견뿐만 아닙니다. 평범한 사람들이 성장하는 모습만 놓고 봐도 그렇습니다. 아기가 걸음마할 때 몇 번을 넘어지면 언제 제대로 걷는다는 확실한 보장을 받고 걸음마 연습을 하는 것이 아닙니다. 그래도 했지요. 눈앞에 보이는 이득과 손실에 대한 계산보다는 언제 얼마나 주어질지 모르는 보상에 더 마음이 움직였기 때문입니다.

　여러분이 미래 인생을 위한 중요한 도전에 대해서 생각할 때도 이 점을 잊지 마세요. 여러분을 더 열심히 도전하게 만드는 것은 확실하게 정해진 보상보다는 때로는 언제 얼마큼 주어질지 모르는 보상이라는 점 말입니다.

스키너는 '사람의 마음을 간단한 조작으로 바꿀 수 있을까?'라는 질문에 답을 찾았습니다. 그 답은 심리학자들의 또 다른 질문으로 이어졌습니다. 그리고 그 질문은 다른 답으로 연결되었습니다.

첫 번째 질문은 이것입니다. '인간을 조작이 가능한 대상으로 보거나 동물과 똑같다고 생각하는 것이 비인간적인 일은 아닐까?' 인간을 조작하다 보면 인간을 있는 그대로 존중하는 상대가 아니라 조작을 받아들여야 하는 대상으로 여기게 됩니다. 이런 생각에 계속 젖어 들다 보면 결국 인간의 자유와 존엄성을 침해할 수 있다는 비판이 있었습니다.

두 번째 질문은 이렇습니다. '인간은 스키너가 주장한 것처럼 수동적일까?' 스키너는 인간이 능동적으로 행동하는 존재로 보기보다는 외부의 자극에 수동적으로 반응하는 존재인 것처럼 대했습니다. 인간을 수동적인 존재로 보는 관점 자체도 문제지만, 자극과 반응 연합이라는 설명은 너무 단순합니다. 그래서 인간의 심리를 지나치게 단순화했다는 비판을 받은 것이지요.

첫 번째와 두 번째 질문에 대해 칼 로저스 같은 상담심리학자는 스키너 같은 행동심리학자와는 다른 답을 찾았습니다. 칼 로저스는 인간은 그렇게 단순하지 않다고 생각했습니다. 인간의 심리는 매우 오묘하며 수동적이지 않고 능동적으로 자신을 변화시킬 수 있다고 생각했습니다. 그래서 그는 오늘날 상담심리사가 하듯이 상담을 요청한 사람이 직접 자기의 문제를 이야기하게 해서 스스로 문제를 찾고 해결할 힘을 얻도록 도왔습니다. 참고로 칼 로저스는 대단한 업적으로 노벨 평화상 후보에 오르기까지 했습니다.

이번엔 세 번째 질문입니다. '관찰 가능한 자극과 행동만을 연구하는 것이 정말 마음을 다루는 심리학을 연구하는 태도인가?' 눈에 보이지 않는 마음을 과학적으로 연구하기 어렵다고 포기할 것이 아니라, 마치 블랙박스를 해독하는 것처럼 더 집중적으로 달려들어 분석해야 한다는 비판이 있었습니다. 그 비판을 수용해 만든 것이 바로 인지심리학입니다. 인지심리학은 아주 능동적으로 정보를 처리하는 인간 심리의 특성을 밝히고 있습니다.

이런 비판을 듣고 있으면 스키너 등의 행동심리학자들의 주장은 먼 옛날의 낡은 이론 같아 보입니다. 하지만 그건 사실과 다릅니다.

심리학자 빌 손턴 등이 2014년에 실시한 실험 결과에 따르면 휴대폰을 가까이 두는 것만으로도 주의력과 문제해결력이 줄어들었습니다. 대학생들에게 쉬운 덧셈 문제를 냈을 때 휴대폰을 책상 위에 둔 학생들이 휴대폰을 아예 치워 버린 학생들보다 수행 결과가 나빴습니다. 이런 사실은 인간이 외부 자극에 민감하다는 사실을 말해 줍니다. 이렇듯 지금도 인간의 마음이 어떻게 외부 자극에 쉽게 변하는지에 대한 연구는 계속되고 있습니다.

여러분도 이 책에 제시된 여러 질문에 대한 답을 보면서 여러분만의 답을 찾기 위해 꼬리에 꼬리를 무는 질문을 하면서 답을 찾아보기를 추천합니다. 그게 심리학을 제대로 즐기는 방법이기 때문입니다.

성격

결정적 질문 ②

사람의 성격을 어떻게

알 수 있을까?

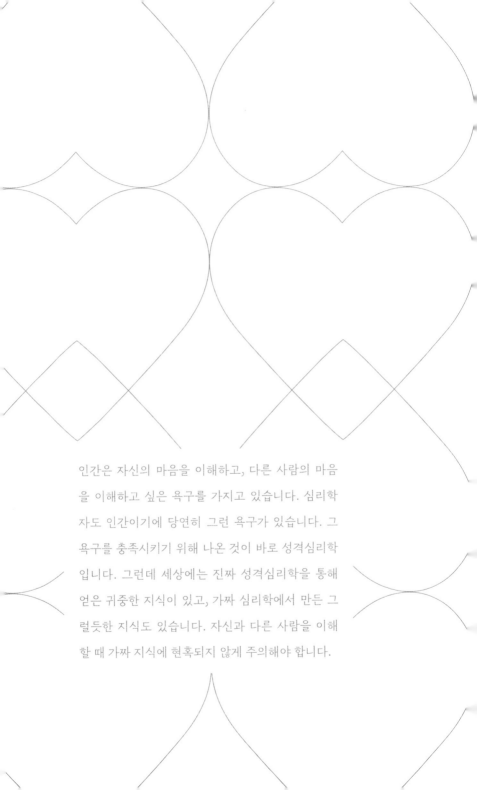

인간은 자신의 마음을 이해하고, 다른 사람의 마음을 이해하고 싶은 욕구를 가지고 있습니다. 심리학자도 인간이기에 당연히 그런 욕구가 있습니다. 그 욕구를 충족시키기 위해 나온 것이 바로 성격심리학입니다. 그런데 세상에는 진짜 성격심리학을 통해 얻은 귀중한 지식이 있고, 가짜 심리학에서 만든 그럴듯한 지식도 있습니다. 자신과 다른 사람을 이해할 때 가짜 지식에 현혹되지 않게 주의해야 합니다.

성격은 우리가 일상적으로 자주 쓰는 말입니다.

"넌 성격이 좋아."

"그 사람은 성격이 불 같아."

이렇게 다양한 상황에서 우리는 성격이라는 말을 자주 사용합니다. 그런데 학문적으로 심리학에서 정의하는 성격은 좀 엄격합니다. 한번 들어보실래요?

"성격은 다른 사람과 구별되는 한 개인의 독특하고 일관성 있는 심리적 특성이다. 즉 외부 환경에 대한 안정적인 반응 패턴이다."

단번에 이해하기는 힘든 말이지요? 이렇게 좀 힘든 말로 표현한 이유가 있습니다. 성격이 아닌 것도 성격이라고 생각해서 측정하고 연구해 다른 학자들과 소통하면 아무리 열심히 해도 소용이 없으니까요.

MBTI는 대표적인 성격 검사로 일반인에게 알려져 있지만, 사실 정식 심리학 교과서는 모두 성격 검사로 인정하지 않고 있어요. 왜일까요? 사실 MBTI는 성격을 재지 않기 때문입니다.

성격을 간단하게 말하자면 다른 사람과 구별되는 고유하

고 일관된 심리적 특성이지요. 그런데 MBTI는 진짜 성격을 파악하는 것이 아니라, 응답자가 생각하는 자신의 특성을 잽니다. 실제로 남이 보기에 외향적인 사람도 자기가 내향적이라고 생각하고 검사지에 응답하면 내향적인 사람으로 결과가 나오게 되어 있지요. 성격 검사가 아니라, 자기이해 검사에 더 가깝지요. 그래서 심리학에서는 MBTI를 사이비 검사라고 말합니다.

MBTI는 응답하는 순간 드는 생각에 너무 쉽게 좌우되는 것도 문제입니다. 그래서 검사 결과가 바뀌기도 하지요. 불과 한 달 전에 응답해서 알게 된 유형과 다른 유형이 나오기도 하니까요. 그런데 성격에 대한 정의를 다시 확인해 보세요. 일관된 심리적 특성이라는 말이 있지요? 한 달 안에도 쉽게 변하는 특성은 애초에 성격이 아닙니다. 차라리 하루에도 몇 번 변하는 기분에 더 가깝겠지요.

심리학에서는 인정하지 않지만 왜 MBTI가 유행할까요? 답은 간단합니다. 자신을 이해하고 다른 사람을 이해할 때 성격을 아는 것이 유용하니까 그렇겠지요. MBTI로 간편하게 유형을 나눠서 자기를 이해한 듯한 느낌을 받고 다른 사람을 쉽게 이해한 듯한 느낌이 들어서 좋은 겁니다. 실제로 성격을 잘 알게 되어 좋은 것과는 별개지요.

MBTI는 캐서린 브릭스와 그의 딸 이자벨 브릭스 마이어스가 카를 융의 초기 분석심리학 모델을 바탕으로 개발한 자기 보고형 성격 유형 검사입니다. 대중적으로 인기가 많지만, 심리학에서는 정식 성격 검사로 인정하지 않습니다.

　다른 사람과 자신을 이해하고 싶어 하는 욕구 자체가 나쁜 것은 아닙니다. 고대인들도 그런 마음으로 성격을 파악하려 했고, 그 결과로 심리학이 발전해서 과학적인 성격 검사까지 나왔으니까요.

　고대인들은 겉으로 드러난 체형으로도 성격을 나누려 했습니다. 뚱뚱하면 온화한 성격이고, 마르면 예민한 성격을 가진 사람이라고 하는 식으로 말이지요. 그럴듯한가요? 성격은 심오한 심리적 요소인데 겉으로 드러나는 몸매로 재는 게 말이 되나요? 마치 키를 재는 자를 가지고 몸무게를 재려는 듯 맞지 않는 도구를 쓰는 것과 같습니다. 우연히 성격과 몸매가 맞아떨어질 수도 있지만 잘못된 결론을 내리는 경우가 더 많겠지요.

지금도 성격심리학은 올바른 도구를 써서 올바르게 성격을 재는 방법을 계속 찾고 있습니다. 이를 통해 진짜 심리학과 가짜 심리학을 구별하고 있습니다.

심리학자들은 성격을 어떻게 이해하고 있을까?

성격은 단시간에 형성되는 것이 아닙니다. 단시간에 확 바뀌는 것도 아닙니다. 태어나면서부터 환경과 지속적으로 상호 작용하면서 성인이 되고 그 이후에도 일생 발전하면서 일관성을 갖는 개인의 고유한 특성입니다. 성격을 이해하는 심리학 내부의 관점은 크게 다섯 가지랍니다. 참고로 이 다섯 가지 이론적 관점은 성격에만 적용되는 것이 아닙니다. 거의 모든 심리학 분야에 적용되는 관점이기도 하지요.

첫째는 정신분석학적 관점입니다. 프로이트, 아들러, 융 등 심리학 발전에 큰 도움을 준 학자들이 만들었습니다. 이 관점은 겉으로 드러난 의식이 아니라, 자신도 모르는 의식하지 못하는 무의식의 요소가 성격을 만든다고 주장하고 있습니다. 그러니 정신분석학적 관점을 따르는 심리학자들은 무의식에 숨어 있는 욕망을 파악하는 것이 성격을 이해하는 데 굉장히 중요하다고 여기고 있습니다.

예를 들어 어떤 사람이 특정 인물에게 까칠하게 구는 것은 왜 그럴까요? 정신분석학자들은 이를 '반동 형성'이라는 개념으로 설명합니다.

만약 그 주변 인물이 자신이 짝사랑하는 사람이라면 어떨까요? 짝사랑이니 본심을 쉽게 드러내지 않으려 노력하겠지요? 그런데 이것은 의식적으로 꼭 그렇게 하겠다고 결심해서 하는 것이 아닙니다. 짝사랑하는 마음은 자기뿐만 아니라 남에게 겉으로 드러내지 않는 무의식적인 욕망입니다. 그 비밀스러운 욕망이 드러날까 봐 자기도 모르게 오히려 반대 행동을 하는 거죠. 즉 까칠하게 구는 것입니다. 참고로 이런 반동 형성은 미성숙한 마음에서 나오는 부적절한 대응 방법입니다. 성숙하다면 고백을 하거나, 짝사랑의 마음을 예술적으로 승화시키기도 한답니다. 특히 예술가들이 이런 마음을 예술 작품으로 표현한 경우가 많습니다. 그래서 작품에 녹아 있는 본심을 비평하기도 합니다. 이것을 '심리주의 비평'이라고 합니다.

이렇게 정신분석학적 관점에서는 어떤 사람의 까칠함을 이해하려면 겉으로 드러나는 행동 자체가 아니라, 그 행동 안에 녹아 있는 무의식적 요소인 욕망을 핵심적으로 고려해야 한다고 주장합니다.

둘째는 행동주의적 관점입니다. 행동주의 관점은 주어진 환경과 자극에 따라 인간의 행동이 결정된다고 보는 관점입니다. 대표적인 학자가 바로 스키너와 앨버트 밴듀라입니다. 밴듀라는 전통적인 행동주의 관점에 인지적 접근을 더해 사회인지 이론을 만들었습니다. 이 관점의 핵심은 성격을 결정하는 요인을 내적 요소가 아니라 외부 환경 자극으로 본다는 점입니다. 만약에 어떤 사람이 적절하지 않은 행동을 한다면 그것은 무의식의 영향 때문이 아니라 그저 학습의 결과라고 생각하는 것입니다. 무의식을 자극하는 정신분석 상담 같은 과정이 필요 없이 바람직한 학습을 유도하는 새로운 자극-반응 연합을 통해 행동을 수정하려고 한 것입니다.

예를 들어 행동주의적 관점에서 어떤 사람이 다른 사람에

사회인지 이론

앨버트 밴듀라는 인간이 외부 자극에 반응하는 단순한 수동적 존재가 아니고, 신념이나 기대와 같은 개인적 요인들이 인간 행동 방식에 영향을 준다고 주장했습니다. 결국 사람들은 단순히 환경에 반응하는 존재가 아니라 적극적으로 자신의 환경을 창조하고 변화시키기 위한 행동을 하고, 이 과정을 통해 성격이 형성된다고 본 것입니다.

밴듀라는 부적응적 행동을 만드는 '좋지 못한 모델'을 경계했습니다. 반대로 좋은 모델은 선호했습니다. 인간은 직접적 경험만이 아니라 관찰을 통해서도 학습하기 때문입니다. 사회인지 이론에 따르면, 까칠하게 굴어서 결국 자기가 좋아하는 사람에게 사랑받는 로맨스 드라마를 많이 본 사람은 실제 연인을 만났을 때 그렇게 굴 가능성이 큽니다. 배려 넘치는 행동으로 결국 사랑을 받는 드라마를 본 사람은 자기 삶에서 배려하는 행동을 할 확률이 더 높습니다. 각자 관찰한 바에 따라 다른 기대와 다른 신념을 갖게 되었기 때문입니다. 이렇듯 밴듀라는 기존 행동주의의 단순한 설명과 다르게 심리적 요소와 학습이 일어난 상황적 요소 등 더 체계적인 관점으로 복잡한 성격을 설명하려 했습니다.

게 까칠한 행동을 한다면 그것은 잘못된 대인관계 소통 방법을 학습했기 때문이라고 봅니다. 까칠한 행동으로 상대가 자기를 인정할 것이라 기대하거나, 보상으로 자신에게 관심을 더 기울일 것이라 생각하기 때문일 수 있습니다. 행동주의 관점은 타인에게 잘 대하면 보상을 더 주는 식으로 행동 수정 치료를 해서 진정한 인정과 관심은 까칠한 행동이 아니라 배려 넘치는 행동임을 느낄 수 있도록 합니다.

셋째는 인본주의적 관점입니다. 인본주의 관점을 주장한 학자들은 인간은 숨겨진 본능이나 욕구에 좌우된다는 정신분석학적 관점을 싫어합니다. 그리고 행동주의 관점 역시 단순한 동물 행동에나 적용할 수 있는 연구 결과를 인간의 복잡한 행동에 적용하려고 한다며 비판합니다. 인본주의는 말 그대로 인간을 기본 중심으로 놓고 인간의 자유 의지를 강조하는 것이 가장 큰 특징입니다.

인본주의적 관점을 지닌 이들은 인간이 누구나 자신의 문제를 해결하고 잠재력을 실현하며 자신의 삶을 변화시킬 능력을 지닌 존재라고 봅니다. 정신분석학적 관점과 행동주의 관점보다 인간을 훨씬 자율적이고 능동적인 존재로 보는 것이지요. 이 관점의 대표적인 학자로는 로저스와 에이브러햄 매슬로가 있습니다.

로저스는 개인의 독특하고 주관적인 경험을 강조하며 사람마다 자신의 삶에서 일어나는 사건들을 보고 해석하는 방식이 다르다고 주장했습니다. 그리고 그 해석이 바로 개인

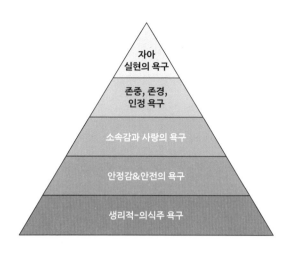

매슬로가 연구 초기에 만든 욕구 5단계 이론입니다. 매슬로는 아래 단계의 욕구가 해결되어야 상위 욕구가 생기며, 욕구를 충족하는 과정에서 성격이 형성된다고 보았습니다.

의 행동에 영향을 주며, 이러한 경험의 전체가 행동하는 방식을 결정하고 성격을 형성한다고 보았습니다.

매슬로는 인간의 욕구는 위계가 있다고 주장했습니다. 아래 단계의 욕구가 해결되어야 그 상위 욕구가 생기며, 그에 따라 성격도 형성된다고 주장했습니다. 구체적으로 최하위층에 생리적 욕구가 있고, 차례대로 안전 욕구, 소속감과 사랑의 욕구, 존중의 욕구가 있고, 최상위층에 자아실현의 욕구가 있다고 보았습니다. 인간은 욕구를 충족시키기 위해 행동하게 되고, 이 행동은 사람마다 큰 차이를 보이며, 이 과정에서 성격이 형성된다고 보았습니다.

예를 들어 까칠하게 다른 사람을 대하는 사람은 먹고 자는 등의 생리적 욕구와 안전 욕구는 해결되었지만, 그 윗 단계인 소속감과 사랑의 욕구가 제대로 해결되지 않아 더 상위 욕구인 존중의 욕구를 제대로 실현하지 못하는 성격을 가졌다고 설명할 수 있습니다.

네 번째는 특질 관점입니다. 대표적인 학자는 고든 올포트입니다. 올포트는 성격심리학을 과학적 심리학의 영역으로 포함시킨 심리학자입니다. 올포트는 비과학적인 정신분석학 이론을 비판하며 정상인은 신경증 환자처럼 무의식에 영향을 그다지 받지 않는다고 생각했습니다. 그는 무의식 대신 특질의 중요성을 강조하는 성격 이론을 만들었습니다. 올포트의 특질 관점이 계속 발전해서 다양한 성격 특질을 크게 다섯 개로 나눠서 분류하는 성격의 5요인 모델이 만들어졌습니다. 그 요인은 바로 신경증, 외향성, 개방성, 우호성, 성실성입니다.

예를 들어 까칠하게 남을 대하는 사람은 높은 신경증, 낮은 외향성, 낮은 개방성, 낮은 우호성 등의 특질이 결합해서 그런 행동을 한다고 설명합니다.

다섯 번째는 인지적 관점입니다. 인지적 관점은 인간이 자신의 환경을 관찰하고 지각하고 평가하고 해석하는 일종의 컴퓨터와 같은 정보처리 과정을 중시하는 관점입니다. 인지적 관점은 사람이 특정 성격을 보이는 이유는 특정 정보를 특정한 방식으로 처리하는 데서 기안한다고 설명합니다.

예를 들어 남들에게 까칠하게 대하는 사람은 여러 사람이 자기를 업신여기거나 약하게 본다고 믿기 때문일 수 있습니다. 그 근거로 자신이 무슨 말을 해도 상대가 반응을 보이지 않았던 경험을 들 수도 있습니다. 그 경험을 중요한 정보로 생각하며 여러 사람이 자신을 무시했다고 판단합니다. 하지만 반응을 보이지 않았던 사람이 그 사람을 진짜로 무시했는지는 알 수 없습니다. 바빠서 미처 신경을 쓰지 못했을 수도 있고, 마침 어떤 생각을 골똘히 하고 있었을 수도 있습니다. 또는 오히려 이 사람이 자신을 무시한다고 생각해서 까칠하게 대했을 수도 있습니다. 이렇게 누구나 자신을 무시한다고 믿으며 까칠한 사람들은 좋은 평판을 듣고 평탄한 인간관계를 맺을 수 없겠지요. 그래서 인지적 관점에서 문제가 있는 사람을 치료할 때는 문제 행동의 원인이 된 그 사람이 가졌던 정보, 믿음을 바꾸는 데 집중합니다. 출발점이 된 입력받은 정보와 어떤 사건에 대한 믿음을 바꾸면 출력인 행동이 달라지고 결국 문제도 해결할 수 있다고 보기 때문입니다.

심리학에서는 과학적인 방법으로 성격을 알아보려고 합니다. 그 결과로 나온 것이 바로 성격 검사입니다. '검사'라는 단어가 들어 있으니 검사의 요소를 가지고 있어야 합니다.

첫째, 검사는 타당성이 있어야 합니다. 검사는 목적이 되는 대상을 검사해야 합니다. 즉 '성격 검사'는 '성격'을 알아봐야 합니다. 학교에서 한국어 능력 검사를 한다면서 수학 문제를 내면 어떨까요? 국어 실력이 아니라 수학 실력을 재는 시험이 되고 말 것입니다. 이렇게 검사는 본래 목적에 맞는 요소를 알아보는 타당성이 있어야 합니다.

둘째, 검사는 신뢰성이 있어야 합니다. 즉 여러 번 측정해도 비슷한 결과를 내놓아야 합니다. 성격은 일관된 특성인데 검사할 때마다 달라진다면 신뢰성이 낮아 검사로서 가치가 없습니다. 예를 들어 학생들이 새로 만든 영어 시험을 보는데, 어떤 때는 평균이 20점이고, 어떤 때는 평균이 70점이라면 어떨까요? 그 영어 시험이 학생의 영어 실력을 신뢰할 만큼 잘 평가하는 시험이라고 할 수 없겠지요?

앞서 MBTI가 성격 검사로 인정받지 못하는 것도 바로 이 타당성과 신뢰성이 낮기 때문입니다. 그렇다면 타당성과 신

심리학에서 정식으로 인정하는 성격 검사들은 사람의 성격을 몇 가지 유형으로 단순하게 나누지 않습니다.

뢰성을 인정받는 대표적인 성격 검사는 무엇일까요?

첫째는 MMPI입니다. MMPI^{Minnesota Multiphasic Personality Inventory}는 현재 가장 널리 쓰이는 심리 검사 가운데 하나로, 다면적 성격 검사라고도 부릅니다. 신경정신과 병원이나 상담센터 등에서 심리 검사를 실시할 때 빠지지 않고 실시하는 검사입니다. 주관적인 해석이 필요한 그림 등을 이용한 검사가 아니라, 설문 문항을 바탕으로 한 객관적으로 표준화된 성격 검사이고, 타당성과 신뢰성 모두 높기 때문입니다. MMPI는 문항이 많은 것으로도 유명합니다. 진짜 자기 속마음보다는 사회적으로 바람직해 보이는 답을 고를 수 있기 때문에 계속 비슷한 질문을 던져서 진짜 속마음을 이야기하는지 믿을 수 있게 측정하려고 하기 때문입니다. 그래서 성인용 MMPI는 567문항, 청소년용 MMPI는 478문항이나 됩니다. 검사 시간도 길어서 최소 한 시간에서 두 시간이 걸리고요. 다양한 성격 요인을 정확하게 재기 위해 복잡한 검사를 하는 것이지요. 인터넷에 떠돌아다니는 아주 간단한 사이비 성격 검사와는 다르지요.

둘째, 빅5 검사입니다. 신경성, 외향성, 친화성, 성실성, 경험에 대한 개방성의 다섯 가지 요소로 성격을 나누다 보니 엉어 앞글자를 따서 OCEAN 성격 검사라고도 합니다. 경험에 대한 개방성은 상상력, 호기심, 모험심, 예술적 감각 등으로 보수주의에 반대하는 성향입니다. 성실성은 목표를 성취하기 위해 성실하게 노력하는 성향입니다. 외향성은 에너지를 주로 외부에서 얻는 성향으로 다른 사람과의 사교, 자극과 활력을 추구하는 성향입니다. 우호성은 타인에게 반항적이지 않은 협조적인 태도를 보이는 성향입니다. 신경성은 분노, 우울함, 불안감과 같은 불쾌한 정서를 쉽게 느끼는 성향을 가리킵니다.

일반적으로 사회에서 적응하며 살아가는 인간을 대상으로 한 성격 검사도 있지만, 부적응하며 문제를 일으키는 사람을 위한 성격 검사도 있습니다. 그 가운데서도 가장 유명한 것은 사이코패스 성격 검사입니다. 인터넷에 떠도는 검사 가운데는 가짜가 많습니다. 실제로는 캐나다 범죄심리학자 로버트 헤어가 만든 사이코패스 판정 도구[PCL-R]인 성격 검사로 사이코패스 여부를 판단합니다. 종이로 된 검사지로도 알아볼 뿐만 아니라, 직접 인터뷰도 하고, 오랜 시간 관찰

TIP

사이코패스

사이코패스는 다른 사람의 감정에 공감하는 능력이 없는 사람입니다. 감정도 다양하게 느끼지 못합니다. 그저 공감하고 감정을 느끼는 척할 뿐입니다. 사이코패스는 감정이 아니라 흥분을 좋아합니다. 충동적으로 자극적인 일을 벌이고, 남들이 두려워하는 자극적인 상황에 뛰어들고, 시끄럽고 자극적인 장소를 찾아가는 것도 흥분하기를 좋아하기 때문입니다. 사이코패스는 다른 사람을 자기 마음대로 통제하려고 합니다. 그래서 처음에는 매력적인 척 다가가지만, 결국에는 고약한 성격을 다 드러냅니다. 자기가 상대보다 훨씬 우월하다고 생각해서 함부로 대합니다.

사이코패스라고 해서 모두가 다 연쇄살인마가 아닙니다. 사이코패스 중에 연쇄살인 등의 범죄를 벌이는 사람이 있을 뿐이지요. 사이코패스는 전체 인구의 4퍼센트 정도로 알려져 있습니다. 즉 25명 가운데 한 명은 사이코패스일 확률이 있습니다.

도 합니다. 그래서 일관된 반응이 사이코패스에 해당하는지를 확인합니다. 특정 상황에서 분노를 폭발시키거나, 잔혹한 말을 하거나, 섬뜩한 상상을 한다고 해서 사이코패스라고 단정하지는 않습니다.

흔히 MBTI 같은 성격 유형론에 익숙해서 빅5 성격 검사도 성격을 여러 유형으로 나누리라고 생각할 수 있습니다. 하지만 심리학에서는 다양한 성격 요인을 그저 몇 가지 유형으로 나누지는 않습니다. 각 차원별로 점수를 매겨 성실성 60퍼센트, 외향성 70퍼센트 같은 방식으로 표현합니다. 그래서 누군가의 성격을 그저 성실성과 외향성이 높은 유형이라고 쉽게 분류하지 않습니다. 성실성 50퍼센트, 외향성 90퍼센트의 사람과 구별되는 그 개인의 성향을 있는 그대로 파악하려고 합니다.

MMPI와 빅5 성격 검사는 대중적으로 인기가 많은 검사는 아닙니다. MBTI는 '진취적인 예술가형' 등 각 유형을 좋은 말로 표현하지만, 심리학에서 인정하는 실제 성격 검사는 성격을 그대로 알아보기 때문에 부정적인 성격도 그대로 표현합니다. 예를 들어 성실성이 낮으면 불성실하다고 평가합니다. 신경성이 높으면 정서적으로 불안정하다고 검사 결과에 나옵니다. 사람들은 대부분 자기는 나름대로 괜찮은 사람이라고 생각해서 이왕이면 좋은 말을 더 듣고 싶어합니다. 그래서 MBTI처럼 좋은 말로 성격을 말해 주는 성격 검사가 더 인기가 많은지도 모르겠습니다.

하지만 자신의 성격을 있는 그대로 이해하고, 성격을 개선할 요소를 제대로 찾아서 더 성장하려면 제대로 된 성격 검사를 받기를 추천합니다. 성격은 태어날 때부터 정해진 것이 아닙니다. 계속 성장하면서 조금씩 바뀌기도 합니다. 성격 검사를 통해 알게 된 자신의 성격 가운데 성장과 행복을 위해 바꾸고 싶은 부분이 있다면 그것을 도전 과제로 삼아 봅시다. 그저 듣기 좋은 말로 쓰인 사이비 성격 검사를 할 때와는 다르게 더 재미있고 유익한 경험을 하게 될 것입니다.

기억

모든 것을 기억할 수 있다면

더 좋을까?

마음은 어디에 있을까요? 생물학적으로는 뇌에 있습니다. 뇌에서 여러 심리 정보를 처리하니까요. 그런데 그 과정에서 가장 많이 영향을 주는 것이 바로 기억입니다. 기억이 있어야 어떤 사물을 접했을 때 그게 바로 무엇인지 알 수 있고, 기억에 저장했던 언어로 자신의 느낌이나 생각을 표현할 수 있습니다. 따라서 기억이 무엇이고 어떤 특성이 있는지 알면 마음을 더 정확히 이해할 수 있습니다.

언제부터 심리학은 기억을 연구했을까?

과학적 심리학의 시작은 빌헬름 분트가 1879년 독일 라이프치히대학교에 최초로 심리학 실험실을 개설했던 때로 보는 것이 일반적인 견해입니다. 독일의 심리학자 헤르만 에빙하우스 역시 1885년 《기억에 관하여》라는 저서에 기억 관련 실험 결과를 발표했으니 심리학이 태동한 초기부터 기억은 심리학자들의 주된 관심 대상이었다고 할 수 있습니다.

왜일까요? 기억이 없으면 인간은 사회에 잘 적응하며 살지도 못하고, 자신답게 생활할 수 없으니까요. 인간이 어떤 사물을 잘 사용할 수 있는 까닭은 그 사물이 무엇인지 기억하고, 사용법도 기억할 수 있기 때문입니다. 자신답게 살 수 있는 까닭도 자기와 관련된 여러 사건을 기억하고, 주변 사람들을 다 기억하기 때문이고요. 만약 자신에 대한 기억을 잃고, 주변 사람들에 대한 기억도 잃는다면 심각한 치매 환자처럼 힘든 삶을 살게 될 것입니다.

심리학 초기에는 인간이 기억을 많이 할수록 좋다고 생각했습니다. 그래서 인간의 기억이 왜 점차 희미해지는지, 그러니까 왜 망각이 일어나는지를 연구했습니다. 망각의 원리를 알면 더 완벽한 기억을 만들 수 있다고 여겼지요.

헤르만 에빙하우스는 실험 이전의 기억 차이 때문에 실험 결과가 왜곡되는 것을 막으려 무의미한 철자를 가지고 실험을 시작했습니다. 예를 들어 DPK, QRT처럼 의미 없는 영어 철자를 외우게 했습니다. 그리고 얼마간의 시간이 지난 후 외운 내용을 얼마나 기억하고 있는지를 확인했지요. 실험에 참여한 사람들은 학습한 이후 19분이 지나면 학습했던 내용의 58퍼센트를 기억했습니다. 즉 42퍼센트를 망각한 것입니다. 하루가 지나면 33퍼센트를 기억하고 67퍼센트를 망각했습니다. 이 결과로 무엇을 알 수 있을까요?

심리학이 생겨나기 전에도 사람들은 기억한 것이 사라지

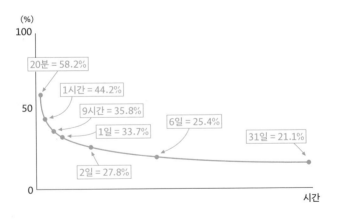

에빙하우스의 망각 곡선입니다. 이 표를 보면 외운 내용을 얼마나 오랫동안 기억하는지 알 수 있습니다.

는 망각이 일어난다는 사실 정도는 알고 있었습니다. 하지만 실험을 통해서 학습 직후 망각이 시작되어 아홉 시간까지 급격한 속도로 학습 내용을 잊다가, 그 이후부터는 망각속도가 점차 느려지는 것을 이 실험을 통해 새로 확인했습니다.

그렇다면 어떻게 해야 망각하는 것을 막고 기억을 더 잘할 수 있을까요? 급격하게 기억의 양이 떨어지기 전에 복습하면 됩니다. 교과서도 진도를 나간 다음에 단원 정리를 하도록 구성되어 있습니다. 수업 종료 전 오늘 배운 내용을 정리해 주며 잊어버리지 않게 돕는 교사도 있지요. 각 중단원과 소단원별로 핵심 사항을 정리하거나 확인 문제를 내서 다시 한번 기억하게 하는 교재도 있습니다.

에빙하우스는 추가 실험에서 복습하면 망각 속도가 느려진다는 사실도 밝혀냈습니다. 일반적으로 한 번 공부한 것을 10분 뒤에 다시 익히면 하루 동안 지속됐고, 하루 뒤에 그 내용을 다시 공부하면 일주일간 더 기억할 확률이 높아졌습니다. 다시 일주일 뒤에 복습하면 한 달을 기억하고 또한 달 뒤에 복습하면 6개월간 내용을 기억할 수 있었습니다. 에빙하우스는 이런 결과를 종합해 다음과 같은 공식을 만들어 냈습니다.

망각률(%) = (처음 학습에 소요된 시간 - 복습에 소요된 시간)÷처음 학습에 소요된 시간×100

따라서 새로운 내용을 공부하는 것도 중요하지만, 복습하는 것도 중요하다는 점을 잊지 말아야겠습니다. 그런데 이에 비판점이 없는 것은 아닙니다. 에빙하우스는 어디까지나 심리학 초기의 심리학자입니다. 시간이 지나면 지날수록 자연스럽게 기억의 흔적이 점점 희미해진다는 기본 가정을 가지고 실험을 했습니다.

하지만 시간만 변수인 것은 아닙니다. 방금 공부한 것도 제대로 이해하지 못해서 헷갈리면 시간이 지나지 않아도 제대로 기억하지 못하겠지요? 또 많이 복습해도 기억해야 하는 것들이 많다면 기억 간에 간섭이 일어나 제대로 기억하지 못할 수도 있고요.

현대의 심리학자들은 단순히 시간보다는 정보를 처리하는 방식에 따라 기억이 크게 좌우된다고 생각합니다. 예전에 공부했던 내용으로 인해 지금 기억해야 하는 내용에 간섭이 일어나면 제대로 기억이 안 나기도 합니다. 이것을 심리학에서는 '순행 간섭'이라고 부릅니다. 반대로 지금 새로운 것을 공부하니 예전에 공부했던 것이 간섭을 받아 예전 내용이 제대로 기억나지 않기도 합니다. 이것은 '역행 간섭'이라고 합니다. 만약에 여러분이 화학기호를 외우는 상황이라고 상상해 보세요. 알리미늄, 티타늄, 칼륨 등을 공부했습니다. 그런데 무엇을 배웠는지 교재를 덮고 다시 복습할 때 칼륨 대신 예전에 배웠던 칼슘을 기억한다면 순행 간섭이 일어난 것입니다. 또는 이번에 새롭게 칼슘을 배워서 예전에 배운 칼륨을 잊었다면 역행 간섭이 일어난 것입니다.

이러한 기억의 특성을 고려해 '간격 두기 학습 전략'이 개발되었습니다. 평상시에 꾸준히 공부하는 학생이 시험 직전에 벼락치기로 한꺼번에 공부하는 학생보다 성적이 더 잘 나오는 까닭도 간섭이 잘 일어나지 않게 간격을 두기 때문입니다. 벼락치기로 공부하면 간섭이 많이 일어납니다.

복습하는 것도 중요하지만 간섭이 잘 일어날 항목은 시간대를 따로 구분해서 확실히 공부하거나, 아예 따로 정리해서 더 주의하며 공부해야 기억이 왜곡되지 않습니다.

그냥 잊어버리는 것만큼이나 원래 기억해야 하는 것을 잘못 기억하는 것도 문제입니다. 특히 시험을 볼 때 너무도 명확하게 기억이 나서 답을 적었는데 사실은 틀린 답이라면 너무 속상하겠지요? 그러니 공부할 때는 복습 주기 이외에도 꼭 간섭되는 정보에 주의하세요. 간섭 효과를 고려하면 성질이 아예 다른 과목을 연달아 공부하는 게 더 좋습니다. 예를 들어 영어를 공부한 다음에 또 다른 언어 공부를 하는 것보다 아예 다른 수학을 공부하면 간섭 효과를 줄일 수 있답니다.

이 외에도 '초두 효과'와 '최신 효과'라는 것이 있습니다. 단어 20개를 차례대로 보고 기억하라고 하면 어느 위치의 단어가 가장 잘 기억날까요? 심리학자들이 연구한 결과 처음과 마지막에 제시된 단어를 가운데 단어보다 더 잘 기억했습니다. 처음에 제시한 정보를 잘 기억하는 것을 초두 효과라고 합니다. 마지막에 제시한 정보를 잘 기억하는 것은 최신 효과라고 합니다.

초두 효과가 일어나는 이유는 처음에 접한 정보를 뇌 속에서 계속 가장 많이 반복해 처리하기 때문입니다. 하지만 중간에 제시된 정보는 충분히 반복 처리되지 못하므로 기억이 잘 안 나게 됩니다. 그런데 어떻게 마지막 항목은 기억이 잘 날까요? 반복 처리가 가장 덜 되었을 텐데 말입니다. 반복 처리는 가장 덜 되었지만 마지막 항목은 현재 처리하는 단기 기억에 남아 있어 더 잘 기억나는 것입니다. 반대로 처음에 제시한 정보는 장기 기억에 안전하게 들어가서 기억이 더 잘 되는 것이고요. 반면 중간에 나온 정보는 장기 기억에도 제대로 들어가지 못하고 단기 기억에도 남아 있지 않아 기억하기 어려운 것입니다.

이런 기억 현상을 일상에서 응용할 수 있을까요? 상대방 기억에 확실히 남는 이야기를 전하고 싶다면, 처음과 끝에 똑같은 말을 해 보세요. 유명 강사들의 수업도 처음에 어떤 것을 다룰지 말하고, 수업 끝에 어떤 내용을 다뤘는지 정리하는 식으로 구성된 경우가 많다는 점 잊지 마세요.

모든 것을 정확히 기억하면 어떻게 될까?

망각하지 않고 모든 것을 정확히 기억하면 시험 문제도 다 맞고, 기억을 못 해서 하게 되는 일상적인 실수를 줄일 수 있을 테니 좋을 것 같지 않나요?

러시아 심리학자 알렉산드르 루리야가 1968년에 펴낸 《모든 것을 기억하는 남자》를 보면 이 질문에 답을 찾을 수 있습니다. 루리야는 이 책을 내기 수십 년 전인 1929년에 기억력 검사를 받고 싶다며 찾아온 한 남자를 만나게 됩니다. 그 남자의 이름은 솔로몬 셰레솁스키로, 모든 것을 기억할 줄 아는 사람이었습니다. 그는 원래 음악가가 되고 싶었지만 그 꿈을 이루지 못하고 신문기자가 되었습니다. 모든 것을 기억할 수 있으니 신문기자로 성공했을 것 같나요?

모든 것을 기억할 수 있으니 솔로몬은 굳이 필기를 하지 않았습니다. 직장 선배가 취재할 목록을 정해 줘도 받아적지 않았습니다. 보통 신문기자는 사건을 취재하면서 필기를 하지만 솔로몬은 그렇지 않았기에 불성실하다고 오해를 많이 받았습니다. 직장 선배가 지적하면 사건이든 취재 목록이든 줄줄 정확히 외워 보였지만 다른 사람 눈에는 그게 더 얄미워 보였겠지요. 여하튼 솔로몬은 신문기자를 그만두고 아예 기억술사가 되었습니다.

완벽한 기억력을 갖고 있으니 기억술사로는 성공했을까요? 아닙니다. 기억술사로 인정은 받았지만 모든 것을 정확히 기억하는 솔로몬은 성공은 고사하고 기본 생활조차 제대로 하기 힘들었습니다.

사람들의 얼굴은 조금씩 변합니다. 목소리도 마찬가지고요. 몸 상태가 어떠냐에 따라 조금씩 달라지기도 합니다. 옷차림은 더 많이 자주 변하지요. 보통 사람이라면 대충 기억하기 때문에 조금 변한 얼굴이나 목소리, 옷차림에도 상대방이 똑같은 사람이라고 생각하고 마음 편히 사회생활을 합니다. 하지만 솔로몬은 그렇지 않았습니다. 모든 얼굴을 정확히 기억하기 때문에 얼굴이나 옷차림이나 목소리가 조금 변한 상대방을 완전히 다른 사람이라고 느꼈습니다. 심지어 자기 자신의 모습도 어제와 다르다며 다른 사람이 거울 속에 있다고 생각해서 거울 보는 것조차 힘들어했습니다. 늘 낯선 사람들 속에서 살아야 한다고 상상해 보세요. 공포영화가 따로 없지 않나요?

솔로몬은 기억력은 뛰어났지만, 개념을 일반화하고 추상화하는 능력은 없었습니다. 정확히 기억할 수는 있지만 그 말에 숨은 의미를 모를 때가 많았던 것입니다. 특히 시적인 표현을 어려워했습니다. 예를 들어 "그녀와 헤어진 다음에 그의 인생은 내리막길을 걷기 시작했다"라는 표현을 들으면 문자 그대로 어떤 사람이 길을 평범하게 걸어 내려가는 모습과 처절하게 이별하는 장면만을 떠올렸고, 두 가지 장면의 의미를 연결 짓지 못했습니다. 솔로몬은 추상적 수준으로 이해하기보다는 주어진 것을 사진 찍듯이 있는 그대로 머릿속에 저장하는 사람이었기 때문입니다.

비유가 담긴 문장을 해석하는 일도 솔로몬에게는 힘든 과제였습니다. 이런 문장은 오히려 보통 사람들이 더 잘 기억하고 이해했습니다. 루리아는 솔로몬이 기억력 테스트를 위해 암기하게 했던 무의미한 철자를 수십 년이 지나도 기억한다는 점을 발견했습니다. 그런데 솔로몬은 너무 많은 기억 때문에 오히려 지나치게 스트레스를 받았습니다.

솔로몬 같은 사례처럼 모든 것을 과도할 정도로 정확히 기억하는 현상을 과잉기억증후군^{Hyperthymesia}이라고 합니다. 이 표현에는 모든 사건과 경험을 기억하는 일은 필요 이상의 과도한 상태라는 뜻을 내포되어 있습니다.

솔로몬의 사례를 통해 심리학자들은 모든 것을 잊지 않고 정확히 기억한다는 것이 오히려 좋지 않을 수 있음을 확인했습니다. 인간이 망각하고, 정확히 기억하지 못하는 까닭은 이 세상을 더 편하게 살아가기 위한 적응의 결과는 아닐까라는 생각도 하게 되었습니다. 망각을 하기에 슬픈 사건을 잊고 새롭게 살아갈 수 있기 때문입니다.

심리학에서 인정하는 기억술

첫 번째 기억술은 장소법입니다. 어떤 장소를 떠올려서 그것에 기억하고 싶은 대상을 배치하는 것이 핵심입니다. 예를 들어 '조선'이라는 집에 들어가 '태조'라는 방에 들어가, 책꽂이에 있는 '경국대전'을 보는 식으로 말입니다. 이

기억술은 추상적으로 그냥 외울 때보다 구체적으로 누구의 집을 구경했을 때 어디에 뭐가 있었는지 비교적 잘 기억한다는 점을 이용한 방법입니다.

두 번째는 이야기법입니다. 사람은 낱개의 항목보다는 맥락이 있는 이야기를 더 잘 기억합니다. 이 성향을 이용해 자신이 외워야 하는 항목들로 이야기를 짜고 그 이야기 안에 기억하고 싶은 대상을 등장시키는 것이 핵심입니다. 처음에는 시간이 걸리지만 오랫동안 기억할 수 있어 좋습니다. 아울러 이 이야기를 글자나 음성뿐 아니라, 아예 영화처럼 영상화하면 시각, 청각 등의 감각을 다 활용할 수 있어 기억 흔적이 많이 남게 되어 좋습니다.

세 번째는 머리글자법입니다. 기억하고 싶은 항목의 머리글자를 따로 기억하는 방법입니다. 인간은 기억할 수 있는 용량에 한계가 있으니, 가장 간단한 형태로 저장하는 것이 핵심입니다. 앞서 살펴봤던 성격 검사에서 빅5의 다섯 요소의 앞글자를 따서 OCEAN이라고 하는 것이나, 조선시대 왕을 '태정태세문단세' 하고 외우는 것도 머리글자법을 응용한 사례입니다.

네 번째는 자기 참조 효과입니다. 자기 참조 효과는 인간이 자신과 연관 지어 새로운 정보를 처리할 때 가장 오래 기억되는 현상을 응용하는 것입니다. 예를 들어 여러분이 cute, honest 등 영어 단어 형용사 40개를 외워야 한다고 가정해 봅시다. 다음 세 조건 가운데 어느 조건이 가장 잘 외워질까요?

1. 형용사 단어의 모음과 자음이 몇 개인지 세는 조건
2. 주어진 단어와 다른 단어의 뜻이 어떤 관련이 있는지 판단하는 조건
3. 주어진 단어가 자기를 제대로 묘사하고 있는지 판단하는 조건

자기와 연관시키는 세 번째 조건이 가장 효과적입니다. 영어 단어뿐만 아니라 다른 학습 내용도 자신의 삶과 관련지을 때 더 깊이 있게 학습할 수 있어서 더 기억이 잘 난다는 사실을 잊지 마세요.

중요한 사건에 대한 기억만큼은 정확하지 않을까?

솔로몬과 같이 모든 것을 다 정확히 기억하는 것은 과잉

이고 불가능하다는 점은 인정하더라도 의문이 남습니다. 모든 것이 아니라, 자기에게나 사회적으로나 아주 중요한 의미가 있는 사건에 대한 기억은 정확하지 않을까 하는 점입니다.

이 의문과 관련한 기억이 있습니다. 첫 번째는 자서전적 기억입니다. 자서전적 기억은 말 그대로 자서전처럼 자기가 직접 겪은 일화들과 관련한 기억입니다. 예를 들어 학교에 입학했을 때 어떤 일이 있었는지, 작년 여름에 무슨 일을 했었는지 같은 기억이 자서전적 기억입니다. 두 번째는 섬광 기억입니다. 자서전적 기억 가운데 특히 번쩍 모든 것이 밝아지는 것처럼 뚜렷하게 기억이 나는 사건도 있는데 이게 바로 섬광 기억입니다. 예를 들어 2001년 9.11 테러가 일어난 바로 그날 뉴욕에 있었던 사람은 일반적인 다른 날, 다른 곳에 있었던 다른 나라 사람의 자서전적 기억과 다르게 기억하겠지요?

맞습니다. 모두 다르게 기억합니다. 그런데 다르게 기억한다는 것이 꼭 정확하다는 뜻은 아닙니다. 실제로 9.11 사건의 생존자를 대상으로 한 연구를 통해 그들이 생생하게 기억하는 내용은 실제로 일어나지 않았던 상황도 포함되어 있음이 드러났습니다. 생생하고 자세하니 그들은 자신의 기

9.11 테러처럼 사회적 참사를 직접 겪은 사람들은 사건 당시에 대한 자신의 기억이 아주 정확하다고 여기기 쉽지만, 그 기억은 실제와 다를 수 있습니다.

억이 맞다고 확신했지만 말입니다.

여러분에게 유치원이나 초등학교에서 감정적으로 크게 흔들렸던 일이 있었나요? 사람들은 보통 자신이 그 일을 아주 생생하게 자세히 기억하니 정확하게 기억하고 있다고 생각하곤 합니다. 하지만 기억은 아주 오묘한 특성이 있습니다. 사건이 처음 머릿속에 저장될 때의 상황도 중요하지만, 그 것을 다시 기억 속에서 꺼낼 때의 상황도 중요하다는 점입니다.

일반적인 자서전적 기억은 뇌의 해마를 활성화시킵니다.

자신이 공부한 내용과 같이 일반적인 다른 기억들처럼 말입니다. 반면에 섬광 기억은 정서가 처리되는 곳인 편도체도 활성화시킵니다. 이 말은 곧 기억이 굉장히 감정과 밀접하게 연결되어 있다는 뜻입니다. 감정은 아주 인상적으로 정보를 처리하게는 하지만 정확하게 정보를 처리하는 것과는 차이가 있습니다.

여러분도 만약 화난 상태에서 누군가가 여러분의 SNS에 쓴 댓글을 볼 때와, 기쁠 때 똑같은 댓글을 보았다고 생각해 보세요. 그다지 좋지 않은 내용이라도 기쁠 때는 그냥 넘어갈 수 있을지 몰라도 화났을 때는 더 흥분하거나 오해하기 쉽습니다.

또한 있는 그대로를 기억하기보다는 오해한 방식대로 과장되게 기억하기 쉽습니다. 예를 들어 "이건 좀 다르게 생각해 보는 게 좋겠어"라는 말은 "이건 완전히 틀렸어"라고 기억하는 식으로 말이지요. 분노와 기쁨의 차이뿐 아니라 어떤 감정이 되었든 애초에 감동이 요동치는 상태에서 저장한 기억을 차분하게 관찰해 기억하는 것처럼 정확하기는 힘듭니다.

반대의 경우도 생각할 수 있습니다. 해당 사건을 머릿속에 저장할 때는 화난 상태였는데, 지금 그 기억을 다시 꺼내는 감정이 평온하다면 감정이 불일치해 그때 경험한 그대로 온전히 다 기억하기 힘듭니다.

감정적으로 중요한 사건은 계속 머릿속에서 잘 떠나지 않습니다. 떠올릴 때마다 의미를 추가하고, 감정을 더하고, 덜어내고, 그때 겪지 않았으면 되는 일도 생각하고, 겪었던 일이 이러지 않았을까 주변 정보를 더 모아서 정교하게 다듬는 작업을 계속합니다. 그저 최초에 해당 사건이 일어난 그대로 남아 있지 않습니다.

자서전적 기억과 섬광 기억만 부정확한 것이 아닙니다. 사실 기억이라는 것 자체가 부정확할 수밖에 없습니다. 인간은 정보를 처리할 때 수동적으로 있는 그대로 받아들이는 게 아니라, 자기의 인지적 특성과 감정적 상태 등에 맞게 능동적으로 바꾸기 때문입니다.

기억을 이렇게 믿을 수 없다면 법정에서 목격자가 기억에 의존해 진술하는 말은 어느 정도나 믿어야 할까요? 목격자의 진술은 법정에서 효력을 지닙니다. 증언은 목격자가 기억한다고 생각하는 것을 말하는 일입니다. 생각과 기억은 얼마나 차이가 있을까요?

법정에서 증언하는 상황을 떠올려 보세요. 변호사나 검사가 증인에게 이렇게 질문했습니다.

상황 1 : "자동차끼리 충돌했을 때 두 차의 속도는 대략
어느 정도였을까요?"

상황 2 : "자동차끼리 접촉했을 때 두 차의 속도는 대략
어느 정도였을까요?"

눈치챘나요? 상황1은 충돌^{crash}이라는 단어를, 상황2는 접
촉^{contact}이라는 단어를 썼습니다. 차이는 그것뿐입니다. 그런
데 목격자가 증언이 달라졌습니다. 미국 심리학자 엘리자베
스 로프터스의 실험 결과에 따르면 충돌이라는 단어를 썼을
때 속도가 더 높았다고 대답했습니다.

여기서 중요한 것은 로프터스의 실험에 참여한 사람들이
똑같은 자동차 사고 사진을 봤다는 점입니다. 단지 자동차
사고 관련 기억을 말해 보라고 할 때 썼던 단어, 즉 기억을
꺼내도록 유도한 말 가운데 딱 한 단어만 달랐을 뿐입니다.
그런데도 기억하는 양상이 완전히 달라졌습니다. 심지어 어
떤 사람은 충돌이라는 표현을 쓴 질문을 받자 사진에는 없
었던 자동차 유리 파편을 봤다는 생생한 묘사까지 덧붙였습
니다.

감각을 통해 기억한 것은 모두 정확할까?

로프터스의 실험을 보고 어떤 생각이 드나요? 인간의 기억은 꺼내는 과정에서 왜곡되는 것이지 저장할 때는 정확하게 한다고 생각할 수도 있습니다. 하지만 심리학자들의 연구에 따르면 그렇지 않습니다.

인간은 외부의 정보를 처리합니다. 그런데 무한대의 능력으로 처리하는 게 아니라, '주의'라는 한정된 자원을 가지고 처리합니다. 즉 주의를 기울인 정보는 제대로 처리하고, 주의를 기울이지 않은 정보는 제대로 처리하지 못합니다. 있는 그대로 모두 공평하게 처리하는 게 아니라서 처음부터 정확하게 기억하지 못할 가능성이 있습니다.

1999년 대니엘 사이먼스와 크리스토퍼 차브리스가 진행한 실험만 봐도 그렇습니다. 연구자들은 실험 참가자들에게 검은 티셔츠를 입은 사람들과 흰 티셔츠를 입은 사람들이 같은 색깔의 티셔츠를 입은 사람들하고만 공을 주고받는 영상을 보도록 했습니다. 그리고 흰색 티셔츠를 입은 사람들이 서로 몇 번이나 공을 주고받는지 세어 보도록 했습니다.

그런데 이 실험에는 반전이 있었습니다. 연구자들은 실험 참가자에게 갑자기 다음과 같은 질문을 던졌습니다.

"고릴라를 보셨나요?"

실험에 참여한 사람 가운데 절반은 고릴라를 보지 못했습니다. 사람들은 고릴라가 나왔다면 자신이 못 봤을 리 없고, 봤으면 당연히 기억했을 거라고 주장했습니다. 그러나 영상에는 고릴라로 분장한 사람이 무려 9초나 등장했습니다. 유튜브에 이 실험 영상이 남아 있으니 한번 찾아보세요. 여러분이 이 실험에 참여하면 어떨 것 같나요? 고릴라가 언제 등장할지 기다리면서 보겠다고요? 그러면 질문을 바꾸겠습니다.

"흰 티셔츠를 입은 사람들끼리 몇 번이나 공을 주고받았나요?"

어떤가요? 만만치 않지요? 정확히 눈으로 본 것을 있는 그대로 기억하는 것도 힘듭니다.

시각뿐 아니라 다른 감각도 마찬가지입니다. 어떤 사건이 일어날 때 특정한 냄새가 나도 그 냄새에 익숙한 사람은 그런 냄새가 났는지도 잘 기억하지 못합니다. 영화 〈기생충〉에서 반지하에 살던 가족은 서로의 냄새를 알아채지 못했지만, 부잣집 가족은 곰팡내를 맡았던 것처럼 말입니다.

감각 기관을 통해 정보를 받아들일 때부터 인간은 본래 가지고 있던 기존 지식 때문에 새로운 정보를 있는 그대로 처리하기 힘듭니다. 다음 그림에서 A와 B 가운데 어떤 것이 더 밝은색인지 확인해 보세요.

다음 그림에서는 A보다 B가 더 밝은색처럼 보입니다. 하지만 오른쪽 그림처럼 A와 같은 색의 세로줄을 그어 보면 완전히 같은 색임을 확인할 수 있습니다. 이처럼 착시 현상이 일어나는 이유는 체크 무늬와 그림자 같은 주변의 여러 가지 정보로 인해 밝기를 올바르게 판단할 수 없기 때문입니다.

특히 B가 A와 같은 색이지만, 더 밝게 보이는 이유는 무엇일까요? 원기둥 뒤 그림자에 있는데도 같은 색이라면 B가 원래 더 밝은색일 수 있다는 지식이 영향을 주었기 때문입니다. 그림자에 가려진 색은 원래보다 더 어두워 보인다

그림에서 A보다 B가 더 밝은색으로 보이지만, 사실 두 부분은 같은 색입니다.

는 기존의 지식이 사물을 있는 그대로 보지 못하게 만든 셈입니다.

인간의 감정도 사물을 있는 그대로 보지 않고 편집해서 보게 합니다. 미국 심리학자 캐런 개스퍼와 제럴드 클로어는 2002년 실험에서 참가자들에게 기쁘거나 슬픈 감정 상태가 되도록 만든 후 그림을 보게 했습니다. 슬픈 감정이 든 사람은 자잘한 부분에 집중해서 그림을 판단했습니다. 기쁜 상태의 참가자들은 전체적인 구조로 그림을 판단했습니다. 반면 부정적인 감정 상태일 때는 숲보다는 나무를 더 많이 보는 경향이 있었습니다. 여러분도 화가 났을 때 큰 틀에서 생각하기보다는 사소한 것이라도 괜히 꼬투리를 잡고 싶었던 적이 더 많지 않았나요? 같은 상황이라고 해도 감정에 따라 정보를 처리하는 태도가 자기도 모르게 달라졌던 경험을 떠올려 보세요.

최초로 정보를 입력할 때부터 기억이 변형되는데 어떻게 정보를 객관적으로 정확하게 기억할 수 있겠습니까? 처음과 중간, 끝까지 계속 왜곡하고 또 왜곡하는 것이 바로 인간이 가진 마음의 특성입니다. 심리학이 재미있는 이유도 사람들마다 상황마다 기억을 다르게 처리해서 다르게 반응하는 데 있지 않을까요?

고통을 줄이는 방법

사건을 있는 그대로 기억하는 대신 기억을 변형하는 편이 살아가는 데 오히려 도움이 될 때가 있습니다. 만약 고통스러운 경험을 있는 그대로 기억한다면 기억할 때마다 해당 경험을 다시 겪는 느낌이 들 것입니다. 더 나아가 기억이 변형된다는 사실을 활용하면 고통을 줄일 수도 있습니다.

심리학자들은 연구를 통해 사람들이 가장 고통스러운 순간과 경험의 마지막 순간의 평균점으로 기억을 저장한다는 점을 밝혀냈습니다. 마취제를 쓰지 않고 대장내시경을 하는 상황을 상상해 봅시다. 내시경을 항문을 통해 집어넣고 나서 환자의 고통을 빨리 끝내 주겠다며 급하게 기계를 빼면 고통스러운 기억이 더 오래갈 것입니다. 내시경 진단이 사실상 다 끝났을 때, 내시경을 거의 다 뺀 다음에 환자를 안정시키고 나서 아주 천천히 빼야 끝 지점과 가장 고통스러운 순간의 평균이 더 낮아집니다.

고통을 줄이는 방법을 거꾸로 활용해 만족을 높게 할 수도 있습니다. 중간에 실수로 만족도가 좀 낮았다면 어떻게 해야 할까요? 마지막을 아주 만족스럽게 만들면 됩니다. 인터넷에서 물건을 사는 과정에서 불만이 있었는데 마지막에 화끈한 보상을 받으면 불만족이 확 누그러지기도 합니다. 정확히 기억할 줄 안다면 안 좋았던 경험마저 정확히 기억할 테니 불만족 역시 계속 높겠지요. 스포츠에서 운동선수가 경기 막바지에 활약해서 좋은 결과를 보이면 비판을 덜 받는 것도 마찬가지입니다. 결과만큼이나 과정도 중요하다고 했던 사람들조차 비판을 덜 하게 됩니다. 이처럼 기억의 특징을 활용하면 조금 더 편하게 살아가는 데 도움을 받을 수 있습니다.

인공지능

생각하는 기계를

만들 수 있을까?

이미 1950년대 이후부터 심리학자들은 인공지능에 대한 연구를 활발히 해 왔습니다. 인공지능부터 연구한 것이 아니라 인간의 지능을 먼저 연구하기는 했지만요. 인간의 지능 연구를 통해 인공지능을 어떻게 발전시켰고, 앞으로 어떻게 성장시킬 수 있는지를 알면 인간 심리뿐만 아니라 미래 사회의 변화를 더 잘 이해할 수 있답니다.

인공지능은 언제부터 만들어졌을까?

생각하는 기계. 시적인 표현 같지만 인공지능을 한마디로 줄인 말이기도 합니다. 인공지능은 영어 단어의 머리글자를 따서 AI라고 표기하기도 합니다. 일반적으로 인공지능은 1956년 여름 다트머스대학교의 워크숍에서 그 기원을 찾습니다. 인공지능 워크숍이니 컴퓨터공학자들만 모였을 것 같지요? 아닙니다. 융합과학적인 심리학을 발전시킨 허버트 사이먼과 같은 인지심리학자도 그 자리에 참석했습니다. 즉 인공지능의 시작부터 심리학은 함께한 셈입니다.

당시 심리학은 큰 변화를 겪고 있었습니다. 인간의 마음을 과학적으로 관찰할 수 있는 자극-반응 연합으로 연구해야 한다는 행동주의의 한계를 연구자들이 느끼고 있었거든요. 인간의 마음은 행동주의가 주장하는 것보다 더 복잡하고 미묘하다는 생각이 퍼지고 있었습니다.

한편 인간은 만물의 영장으로 유일무이하게 아주 뛰어난 능력을 갖고 있다는 생각도 허물어지기 시작했습니다. 미국 심리학자 조지 밀러는 기억 연구를 통해 인간이 단어, 철자, 숫자 등 새로운 항목을 접한 다음에 곧바로 다시 기억할 수 있는 용량은 다섯 개에서 아홉 개라는 사실도 밝혀냈습니다. 이것이 바로 유명한 매직 넘버 7, 즉 '7±2의 법칙'입니다. 휴대전화번호가 010이라는 공통 번호를 제외하고 최대 앞뒤에 네 개씩, 총 여덟 개의 숫자로 구성된 까닭도 매직 넘버 7의 최대치인 아홉 개 이하로 맞추기 위함이라고 합니다. 교과서나 도서에서 핵심 내용을 정리할 때도 매직 넘버 7 안에서 구성하려고 합니다. 그 숫자를 넘어가면 사람들이 잘 기억하지 못할 테니까요.

1956년 워크숍에 모인 학자들은 조지 밀러와 허버트 사이먼 등의 인지심리학자들이 내놓은 새로운 연구 성과를 통해 인간의 지적 능력을 다시 생각하게 되었습니다. 인간의 마음이 외부 자극에 수동적으로 반응하는 것이 아니라 정보를 처리하는 과정에 따라 달라진다는 사실, 그리고 매직 넘버 7처럼 능력이 제한적임에도 놀라운 일들을 해내고 있다는 사실에 주목했습니다. 그리고 인간의 마음을 컴퓨터 같은 정보처리 시스템으로 생각해 보기로 했습니다.

인간은 외부의 자극을 받아서 내부적으로 정보를 처리한 다음에 행동으로 출력합니다. 컴퓨터도 외부의 정보를 입력받아 처리해서 적절한 출력을 합니다. 자판을 누르면 화면에 글자를 보여 주고, control+c를 누르면 선택한 부분을 복사했다가 붙여 넣듯 말입니다. 1950년대 중반 컴퓨터의 계산 능력은 형편없었지만 그래도 그 원리와 방향을 생각해 본 것입니다. 계산 능력이 훨씬 더 좋아지면 인간처럼 정보를 처리하게 될 수도 있지 않을까 하면서요. 즉 지금은 능력이 제한적이어도 알고리즘을 처리하는 적절한 방식으로 인간처럼 말하고 지식을 저장하고 활용하고 문제 해결하는 시스템을 만들 수 있지 않을까 생각한 것이지요.

기계가 인간처럼 사고하고 정보를 처리할 수 있다는 생각은 천재 수학자 앨런 튜링에 의해서 본격화되었습니다. 튜링은 1950년 발표한 논문 〈계산하는 기계와 지능〉에서 기계가 0과 1의 값을 변환시켜 가면서 수학적 사고를 할 수 있음을 입증했습니다. 그는 기계에 충분한 시간과 메모리가 있다면 어떤 알고리즘도 계산할 수 있다고 주장했습니다. 기계가 정말로 사고를 할 수 있는지 알아보는 방안으로 튜링 검사Turing test를 제안하기도 했습니다. 참고로 〈블레이드 러너〉 같은 공상과학 영화에 안드로이드 또는 인공지능 시스템에 계속 질문을 하는 장면이 나오는데 이게 바로 튜링 검사를 인용한 장면입니다.

초기 인공지능학자들은 당시 새롭게 부상하던 인지심리학에 관심을 보이기는 했지만 행동주의 심리학에 더 익숙해 있었습니다. 아무리 복잡한 행동도 자극과 반응의 조합으로 설명할 수 있다고 했던 행동주의 심리학은 알고리즘을 만들 때 큰 도움이 되었습니다.

　예를 들어 인간이 아침에 옷을 입고 밖으로 나가는 상황을 생각해 봅시다. 인간이 아주 자연스럽게 하는 이 일을 동물에게 시키려면 어떻게 해야 할까요? 하나하나 훈련을 해야 할 테지요. 침대에서 일어나고, 옷을 고르고, 얼굴을 옷 안으로 들이밀고, 팔을 넣는 등 세부적인 일로 구분한 뒤 하나씩 훈련시켜야겠지요. 옷을 고르는 일을 시키려고 해도 일을 세부적으로 나눠서 시켜야 합니다. 자신의 몸에 맞는 크기의 옷을 판단하고, 상의와 하의를 따로 구분해 정하고, 그 옷을 옷장에서 찾는 식으로요. 이런 식으로 초기 인공지능학자는 어떤 일이든 알고리즘이라는 논리적 연산법칙으로 순서를 정해서 처리할 수 있으며, 그 알고리즘은 단지 인간과 동물처럼 세포에 구현될 수도 있고, 인공지능처럼 컴퓨터 칩으로도 구현할 수 있다고 봤습니다. 중요한 것은 알고리즘이었지요.

　걷기와 같이 인간에게 아주 단순해 보이는 일도 분석해 보면 하위 동작들을 구분해 낼 수 있습니다. 더 복잡한 일은 말할 필요도 없지요. 그래서 초기 인공지능학자들은 하위 동작들을 분석해서 지능적인 일을 하는 알고리즘을 가진 인

인공지능 로봇 개발은 인지심리학에 기반을 두고 시작되었습니다. 하지만 걷는 것처럼 단순한 작업을 하는 로봇을 개발하기까지 수십 년이 걸렸으며, 그마저도 허점이 많았습니다.

공지능을 만들려고 했습니다. 그 결과는 어땠을까요? 일본의 아시모처럼 걷는 로봇을 만드는 데도 몇십 년이 걸렸습니다. 무엇보다도 인공지능학자가 이상적으로 생각해서 만든 조건에서 조금만 벗어나도 제대로 움직이지 못했습니다. 참고로 인터넷에서 아시모 시연식에서 아시모가 휙 넘어지는 영상을 찾을 수 있습니다. 평평하면서 조명이 별로 밝지 않은 곳에서는 괜찮았지만, 좀 미끄럽거나 경사가 있거나 조명이 밝은 곳에서는 잘 걷지 못했던 것입니다.

인공지능학자들은 새로운 접근법이 필요하다고 생각했습니다. 엄청난 계산을 하거나, 하위동작 분석들을 종합해야 하는 복잡한 과정이 없어도 충분히 지능적인 행동을 하게 하려면 어떻게 해야 할까 하고 질문하게 된 것입니다.

무엇이 더 자연스러운가?

허버트 사이먼은 1978년 노벨경제학상을 수상한 미국 심리학자입니다. 동료인 컴퓨터공학자 앨런 뉴웰과 함께 현재 쓰는 디지털 컴퓨터의 모델을 만들기도 했습니다.

사이먼은 특히 인간의 인지 능력은 무한대가 아니라 제한되어 있다는 '제한된 합리성' 이론을 만든 업적으로 여러 분야에 큰 충격을 주었습니다. 기존의 철학, 경제학 등 고전 학문에서 말하듯 인간이 "최소 희생으로 최대 효과를 거두는 합리적 선택"을 하는 존재려면 어떤 선택이 최소 희생이고, 어떤 선택이 최대 효과를 거둘 수 있는지 완전한 정보를 가지고 있어야 합니다.

하지만 인간은 모든 결과를 미리 알거나 모든 정보를 다 모을 수 있는 신이 아닙니다. 그래서 현실적으로 제한된 시간과 특정한 순간에 동원할 수 있는 불충분한 정보를 바탕으로 선택합니다. 인터넷에서 옷을 살 때도 나름대로 최저가라고 생각해서 구매하지만, 며칠 후에 값이 더 떨어진다거나 미처 검색하지 못한 사이트에서 최저가 물품 정보가 숨어 있는 것을 보고 당황하는 것처럼 말입니다.

기존 학문에서 보기에는 인간이 가장 좋은 선택이 아닌 것을 취하는 비합리적 선택을 하는 듯 보이지만, 오히려 그 선택이 인간적인 특성을 더 드러내는 것이니 선택에 관해 더 연구해야 한다고 사이먼은 주장했습니다. 그의 주장에 따라 많은 경영학, 조직학, 컴퓨터 과학, 인공지능, 인지과학, 경제학 등 다양한 분야에 변화가 생겼습니다.

1956년 사이먼은 앨런 뉴얼과 최초로 인공지능 프로그램이라 불리는 논리 이론가Logic Theorist를 개발하기도 했습니다. 이 프로그램은 당시 수학 대가들이 이루어 놓은 정리를 대부분 증명할 수 있었습니다. 그래서 사람들은 인공지능을 매우 낙관적으로 전망하게 되었습니다. 당시 사이먼은 10년 이내에 인공지능이 세계 체스챔피언이 될 것은 물론 20년 이내에 사람이 할 수 있는 모든 일을 기계가 할 것이라 예측

했습니다. 하지만 그 예측은 곧 벽에 부딪혔습니다.

당시 인공지능은 수학 증명처럼 논리적 문제를 해결하는 데는 능숙했지만, 인간처럼 훨씬 더 간단한 일상 문제를 해결하는 데는 실패했습니다. 그래서 인공지능 연구는 곧바로 침체기에 빠지게 되었습니다. 그러다가 1980년대에 특정 영역에 대해서 마치 전문가처럼 문제를 진단하고 해결하는 '전문가 시스템'이 개발되면서 인공지능이 다시 부활했습니다. 그런데 이 역시 오래가지 않았습니다. 전문가는 겉으로 확실하게 드러난 지식을 적용하는 문제 말고도 직관에 가까운 능력을 발휘해야 하는 창의적 문제까지 해결하는 사람인데, 이 시스템은 입력하지 않은 지식을 실행하지는 못했으니까요.

인공지능 연구는 2010년 이후 현재까지 다시 전성기를 맞이하고 있습니다. 이 시기부터 인공지능은 하드웨어의 비약적인 발전을 통해 더 발전했습니다. 딥러닝, 인터넷을 통해 얻게 된 방대한 양의 빅데이터 등으로 인공지능은 특정 감각을 인식하고 판단하는 등 일부 과제에서는 인간을 넘어서는 수준에 도달했습니다. 딥블루, 알파고, 왓슨 같은 인공지능이 수학, 체스 등 여러 영역에서 인간의 최고 전문가의 대결에서 이기면서 인간 지능을 뛰어넘는 수준까지 도달했음을 보여 준 것으로 평가받기도 했습니다. 특히 제4차 산업 혁명의 핵심 기술로 간주되면서 더 빠른 속도로 성장하고 있기도 합니다. 그럼에도 인공지능이 보이는 행동이 과연 진정으로 지능을 의미하는 것인지에 대한 논쟁이 끊이지 않고 있습니다.

여기에 한 가지 전환점이 될 만한 사례를 소개하도록 하겠습니다. 빅독은 미국 로봇개발업체인 보스턴 다이내믹스가 개발한 4족 보행 군사용 로봇입니다. 아시모는 인간과 같은 형상을 하고 있고, 빅독은 이름 그대로 거대한 개와 같은 모습으로 외모에서부터 차이가 있습니다. 겉으로 드러난 모습만 다른 것이 아닙니다. 초기 인공지능학자들은 걸을 때 각도와 무게중심, 위치 등을 종합적으로 판단하는 중앙처리장치가 꼭 있어야 한다고 생각해서 아시모에 반영했습니다. 그래서 아시모는 이상적인 걸음과 현재 걸음을 비교하며 그 차이를 줄이는 계산을 해서 천천히 반응합니다. 종합적인 판단을 내리는 곳의 계산보다 현재 조건이 급박하게 변하면 풀썩 쓰러지기도 합니다.

하지만 빅독은 각각 독립적인 다리로 구성되어 있습니다. 각 다리는 균형 상태를 찾는 것이 목적인 알고리즘으로 프로그래밍되어 있습니다. 덕분에 계단을 오르거나, 비탈길을

빅독은 보스턴 다이내믹스 사가 개발한 4족 보행 군사용 로봇으로, 합리적인 종합 처리기관이 있어 기존 인간 형상 로봇보다 훨씬 더 자연스러운 보행 기술을 선보였습니다.

내려오거나, 눈 속을 걸을 때도 안정적으로 걸을 수 있습니다. 이상적인 조건과의 차이 비교 같은 게 없고 그냥 그때그때 균형만 계산해서 바로 반응하니까요.

아시모와 빅독 가운데 걷는 모습이 더 자연스러워 보이는 쪽은 어디인가요? 고전 학문에서 가정한 것처럼 합리적인 종합적 처리기관이 있는 아시모보다 빅독이 더 자연스러워 보입니다. 중앙집중된 처리구조와 과정이 아니라, 분산된 센서와 동작 기관이 더 자연스러운 걸음을 만든 것이지요. 이 사실은 여태까지 고전 학문이 생각했던 지능이란 무엇인가에 대해 새롭게 생각하게 하는 계기가 되었습니다.

역사적으로 한번 정리해 볼까요? 초기 인공지능학자들은 지능의 본질을 추상적인 기호를 처리하는 능력으로 보았습니다. 인간의 지능이 외부의 언어와 같은 기호 상징 정보를 처리하는 것처럼, 컴퓨터도 계산 가능한 숫자와 기호 상징 정보를 처리한다고 생각했습니다. 그리고 그 처리를 하는 데 있어서 신체든 컴퓨터 본체든 중요한 것은 알고리즘이라고 생각했습니다. 이런 초기 인공지능학자의 이론은 컴퓨터와 로봇 등 인공지능 관련 시스템을 발전시키는 데 도움을 주었습니다.

문제는 이게 정말 자연의 지능과도 일치하느냐의 여부입니다. 초기 인공지능학자들은 자연의 지능에서 알고리즘의 중요성을 정확히 밝혀내 인공지능을 만든 것이 아닙니다. 자연의 지능이 인간이든 동물이든 알고리즘만 구현되면 된다고 가정한 것뿐입니다. 그 덕분에 초기 인공지능학자들의 개념으로 수십 년을 연구했음에도 인간의 지능에 대한 이해는 별로 깊어지지 않았습니다. 간단해 보이는 행동조차 알고리즘으로 바꾸기가 힘들었을 뿐만 아니라, 그렇게 알고리즘으로 구현했어도 자연스럽지 않았기 때문입니다.

이때 전환점이 생겼습니다. 반전이기도 합니다. 행동주의 심리학은 환경적 자극의 중요성을 너무 지나치게 강조했습니다. 그래서 그에 대한 반발로 만든 인지심리학에서는 외부의 자극이 아닌, 내적인 처리 구조와 과정을 중시했습니다. 초기 인공지능학은 인지심리학에 영향을 많이 받아서 내적인 처리 구조와 과정인 알고리즘을 강조했습니다. 하지만 막상 구현되어 나온 인공지능 시스템을 보니 여러 문제가 있었습니다. 내적인 시스템을 강조하느라, 환경의 영향을 많이 배제했으니까요. 그래서 빅독과 같이 엄청난 중앙 계산 장치 없이도 환경과 상호작용하는 분산된 센서 중심의 인공지능 로봇이 나오기에 이른 것입니다. 여기에서 중요한 개념은 '센서'입니다.

센서는 지능이라는 단어보다 훨씬 단순한 개념처럼 들립니다. 하지만 그 단순한 개념으로 복잡해 보이는 행동을 하게 할 수 있습니다. 예를 들어 화성에 탐사 로봇을 보낸다고 합시다. 화성의 환경을 완전히 정보를 모은 상태에서 이상적인 정보를 잔뜩 집어넣은 대형 탐사 로봇을 만들 수는 없습니다. 말 그대로 처음 화성에 가는 탐사 로봇이니까요.

만약 탐사 로봇이 화성의 밝은 면을 탐험하며 찍어서 계속 선명한 사진을 전송하게 하려면 어떻게 프로그래밍해야 할까요? 화성의 일출 일몰에 대한 정보, 기상 조건에 대한 정보, 표면에 대한 정보, 사진 해상도로 구별될 수 있는 물체에 대한 정보 등을 다 입력하면 로봇 제작비도 많이 들고 해당 장치가 무거워져 우주로 쏘아 보내기 힘들 수 있습니다. 그래서 미국항공우주국[NASA]은 밝기에 반응하는 센서를 단 간단한 로봇인 패스파인더를 화성에 보냈습니다. 센서는 곧바로 바퀴와 연결되어 있어, 밝기가 일정 이상으로 감지되면 그쪽으로 바퀴가 더 많이 도는 프로그래밍만 되어 있습니다. 덜 밝은 쪽의 바퀴는 덜 돌게 되고요.

외부에서 패스파인더를 보면 중앙의 고성능 컴퓨터가 기가 막히게 밝기를 종합적으로 잘 계산해서 합리적인 판단을 내리는 것처럼 여겨지지만, 사실은 센서가 주된 역할을 하는 것입니다. 이렇게 말하면 인공지능학자가 아니라 차라리 인공센서학자가 더 유명한 직업처럼 보일 수도 있겠네요.

사실 인공지능이란 단어를 검색해 보면 '인간이 가진 지적 능력을 컴퓨터를 통해 구현하는 기술이다'라는 다분히 초기 인공지능학의 개념에 가까운 정의가 나옵니다. 인간이 가진 지적 능력이 무엇인지 심리학은 아직도 연구하고 있습니다. 그리고 최근에는 **체화된 인지**[embodeid cognition] 등의 개념처럼 센서에 가까운 신체의 역할을 강조합니다. 즉 인간이나 동물 등의 지능적인 행동은 육체와 환경과의 상호작용 속에

체화된 인지

체화된 인지는 '몸에 의해 만들어진 생각'이란 뜻입니다. 예를 들어 면접자가 똑같은 인물을 평가할 때 차가운 음료를 마시고 있을 때는 '냉정하다'고 평가하고 따뜻한 음료를 마실 때는 '온화하다'고 평가할 확률이 높다고 합니다. 몸의 감각기관에 따라 생각에 영향을 미칩니다.

미국 심리학자 존 바는 다양한 실험을 통해 체화된 인지를 증명했습니다. 같은 내용의 문서도 두꺼운 종이에 출력해서 제출하면 '신뢰가 두텁다'라는 평가를 받고, 얇은 종이에 출력하면 '내용이 얄팍해서 믿기 힘들다'는 평가를 받을 가능성이 크다는 점을 밝혔습니다. 이 외에도 딱딱한 의자에 앉으면 상대적으로 상대방을 비판적으로 대하고, 푹신한 의자에 앉으면 상대방을 포근하게 감싸 주려 하는 등 다양한 사례가 있습니다.

체화된 인지는 일상생활에서도 쉽게 확인할 수 있습니다. 원형 탁자에 앉아 회의하면 더 수평적인 소통이 되고, 배가 고플 때 다른 사람을 더 까칠하게 대하고, 배가 부를 때 다른 사람을 더 온순하게 대하기도 합니다. 이처럼 체화된 인지는 알게 모르게 우리 삶에 영향을 주고 있습니다.

서 나온다는 것입니다. 초기 인공지능학자들의 시스템이 부자연스럽게 보였던 것도 이 점을 놓쳤기 때문입니다.

학문적으로는 약한 인공지능과 강한 인공지능으로 구분합니다. 인공지능이 정말 인간처럼 생각할 수 있느냐 없느냐에 따른 구분이지요. 약한 인공지능은 인공지능이 다양한 계산을 수행할 수 있으나 스스로 사고하고 문제를 해결하는 능력이 없다고 보는 견해를 가리킵니다. 현재 많이 알려진 시스템들은 이 범주에 속한다고 볼 수 있습니다. 알파고 역시 이세돌 9단과 대적하고 싶다고 먼저 입장을 밝혀서 대국한 것은 아니지요. 알파고를 운영하는 인간이 대결을 기획해서 알파고를 출연시킨 것임을 잊지 말아야 합니다.

반면 강한 인공지능은 단순히 계산을 잘하는 것뿐만 아니라 자신의 상태를 이해하고 자각하는 의식을 가진 인공지능이 가능하다고 보는 견해를 일컫습니다. 마치 '마블 시네마틱 유니버스'라는 영화, 드라마, 만화 시리즈에 나오는, 아이언맨을 알아서 열심히 돕고 우주 전체에서의 자기 존재에 대해서도 고민하는 자비스처럼요. 자비스는 심지어 가상공간에 머물던 자신의 지능을 특정 육체로 옮겨서 완다와 사랑에 빠지기도 합니다.

강한 인공지능이 실제로 가능할지, 가능하다면 언제 구현

될지, 그리고 그것이 과연 바람직한지에 대한 논쟁은 아직도 계속되고 있습니다. 이렇게 논쟁은 이어지고 있지만, 인공지능은 쉼 없이 발전하고 있습니다.

딥마인드의 바둑 인공지능 알파고, IBM의 의료 인공지능 왓슨, 뇌세포를 본 따 프로그래밍한 구글 번역기와 네이버 파파고, 코그니전트 및 워봇과 같은 정신건강 앱 등 인공지능은 이미 다양한 분야에서 일상에 스며들고 있습니다. 이런 상황에서 심리학은 인공지능 기술이 좀 더 인간의 지능을 이해해서 인간을 위해 이바지할 수 있도록 도우려 합니다. 그런 돌파구를 찾는 길을 안내한 사례가 있습니다.

1928년에 페니실린을 발견하기 전까지는 가벼운 상처만으로도 세균 감염 후 염증이 심해져 결국 사망하는 사람이 많았습니다. 대량 생산된 항생제가 나오고 나서야 아까운 목숨들을 살릴 수 있었습니다. 지금은 항생제를 상처, 독감, 수술 등 거의 모든 증상에 쓰고 있지요.

그런데 만약 항생제에 대한 내성이 생겨 더는 항생제가 소용없어지면 어떻게 될까요? 사소한 상처만 생겨도 치료할 수 없게 되어 증세가 점점 악화할 테고 심하면 사망할 수도 있습니다. 그래서 박테리아를 계속 효과적으로 막을 방법을 학자들은 찾게 되었습니다.

이런 연구를 한 학자 가운데 한 명이 MIT 인공지능학과 교수 레지나 바질레이입니다. 바질레이는 자신이 암에 걸려 치료받았던 경험을 바탕으로 의학 분야에 인공지능을 적용하기로 마음먹었습니다.

바질레이 연구팀은 인공지능을 활용해서 합성물질 수천 개를 조사해 박테리아의 성장을 억제하는 물질이 있는지 찾았습니다. 인공지능 프로그램을 통해 약 1억 개가 넘는 물질에 적용해서 효용성을 예측한 결과 2020년 초에 분자 한 개를 찾았습니다. 그리고 그 분자에 할리신이라는 이름을 붙였습니다. 여기서 '할'은 영화 〈스페이스 오디세이〉에 나오는 인공지능의 이름입니다.

이 사례는 현재 최첨단 수준의 인공지능으로 인간이 무엇을 할 수 있는지를 보여 줍니다. 인공지능이 없었다면 짧은 시간에 수천 개의 합성물질을 조사할 수 있었을까요? 그리고 일일이 실험하고 대조하는 식으로 경우의 수 1억 개 가운데 가장 효과가 높은 조합을 찾아낼 수 있었을까요? 이렇게 보면 인공지능이 아주 핵심적인 역할을 한 것처럼 보입니다. 맞습니다. 그런데 더 핵심적인 역할을 한 존재가 있습니다. 바로 '인간지능'을 갖춘 연구자 바질레이 연구팀입니다.

생각할 줄 아는 인간이 지능을 활용해 인공지능에게 할 일을 배당하고 나서야 인공지능은 열심히 계산했습니다. 물론 그 계산을 한 사람이 할 수 있는 수준이 아닌 것은 맞습니다.

정리하자면 이렇습니다. 계산력을 놓고 보면 인간의 지능으로는 인공지능을 쫓아갈 수 없습니다. 하지만 지능이라고 할 때 먼저 떠오르는 '생각'과 '판단' 등의 특성을 놓고 보면 아직 인공지능이 인간의 지능을 쫓아올 수 없습니다. 그럼에도 인간의 생각 가운데는 고차원적인 생각만 있는 게 아니라, 단순 계산이나 감각 수준에 가까운 생각도 있습니다. 예를 들어 어떤 색깔을 보고 이게 빨간색인지 분홍색인지 생각하고 판단하는 것은 이미 인공지능이 하고 있습니다. 그런 식으로 계속 더 복잡한 문제에 도전하면 인공지능도 충분히 생각과 판단을 할 수 있으리라 보는 사람이 많아지고 있기는 합니다.

앞으로 어떻게 될지 전망하는 일이 쉽지는 않습니다. 하지만 인공지능과 인간지능을 마치 경쟁 관계처럼 보는 것이 두 지능 발전에 별 도움이 되지 않으리라는 점은 확실합니다. 인공지능을 인간지능보다 더 우월하게 만든다는 개념보다는 인간지능이 할 수 없는 일은 인공지능이 담당하고, 인공지능이 할 수 없는 일은 인간지능이 담당해서 업적을 만들겠다는 생각이 더 유익하지 않을까요? 바질레이가 그랬듯, 여러분도 인공지능을 적절하게 활용하면 멋진 업적을 만들 수 있을 것입니다.

편리한 기계를 만드는 길은 무엇일까?

대부분 학자가 공감하고 있는 인공지능의 발전 방향이 있습니다. 바로 인공지능 발전을 위해 인간을 희생시키는 게 아니라, 인간의 삶을 위해 인공지능을 발전시켜야 한다는 점입니다. 그런데 구체적으로 인간의 삶을 위하는 인공지능 시스템은 어떤 것일까요?

인공지능이 자기 나름대로 '생각'을 하든지 말든지 여부와 상관없이 인간이 느끼기에 '편해야' 한다는 점입니다. 그래서 인공지능학자와 심리학자는 편한 시스템을 만들기 위해 힘을 모으고 있습니다.

편한 시스템에 대한 대표적인 연구는 인지심리학자인 도널드 노먼의 1988년 저서 《디자인과 인간 심리》가 출간된 이후부터 활발하게 진행되어 왔습니다. 노먼은 이 책에서 좋은 디자인은 사용자의 경험을 풍부하게 만들고 실수를 유발하지 않도록 도와서 편하게 사용할 수 있도록 하는 것이라고 강조합니다. 그는 학계와 산업계를 오가며 실용적인 연구를 했는데, 애플 부사장으로 재직하면서 사용자들이 쓰기 편한 제품들을 만드는 일에 참여하기도 했습니다. 이제는 일상용어가 되다시피 한 사용자 경험 분야도 그의 연구에 바탕을 두고 있습니다.

도널드 노먼의 연구는 미국 심리학자 제임스 깁슨의 연구 결과에 바탕을 두고 있습니다. 깁슨은 인지심리학자이기는 했지만 그 전의 인지심리학과는 완전히 다르게 생각했습니다. 기존의 인지심리학은 환경 정보를 처리하는 마음속 구조와 과정을 아주 중요시했고, 그 구조와 과정을 통해 그 결과가 달라진다고 생각했습니다. 하지만 깁슨은 환경에 이미 모든 정보가 다 있다고 생각했습니다. 그 정보를 인간이 선택하는 것뿐이며, 그 선택을 잘하도록 시스템을 만드는 것이 중요하다고 주장했지요.

깁슨의 연구 덕분에 만들어진 것이 바로 모의 비행 장치입니다. 실감 나는 비행기, 자동차, 모터사이클 같은 시뮬레이터가 심리학자 깁슨의 연구를 바탕으로 하고 있습니다. 이후에는 각종 게임기에도 적용됐고요. 참고로 실제로 파일

파일럿 훈련용 모의 비행 장치는 인지심리학자 제임스 깁슨의 연구를 바탕으로 만들어졌습니다. 모의 비행 장치는 인간의 지각에 입력되는 외부 정보를 재현해 사용자가 직접 비행하는 것처럼 느끼게 해서 실감 나게 비행을 훈련하는 장치입니다.

럿 훈련에도 사용되는 시뮬레이션은 인간의 지각에 입력되는 외부 정보를 역산으로 구성해 사용자가 직접 지각하는 것처럼 느끼게 만든 기계입니다.

깁슨이 창안한 개념 가운데 가장 유명한 것이 바로 행동 유도성^{affordance}입니다. 예를 들어 둥근 현관 손잡이는 손바닥까지 손잡이를 잡고 돌리라는 행동을 유도하고 있지요. 화장실 변기에 붙어 있는 지렛대는 아래로 내리라는 행동을 유도하고 있습니다. 깁슨의 이론에 따르면 의자는 '여기에 앉으세요', 칼은 '무언가 자르거나 깎으세요'라는 식으로 행동을 유도합니다. 만약 의자가 '앉으세요'라는 느낌을 주지 못할 때 우리는 불편하다고 느낍니다.

행동 유도를 잘하는 시스템은 좋은 시스템이겠지요? 반대로 적절하지 않은 행동을 유도하는 시스템은 불편한 시스템이 될 것입니다. 들어갈 때 당겨야 하는지, 밀어야 하는지 잘 모르게 디자인된 문은 불편한 시스템입니다. 이런 불편한 시스템이 만들어지는 이유는 아주 간단합니다. 바로 만든 사람이 생각하는 사용자의 마음과 실제 사용자의 마음이 다르기 때문이지요. 그리고 사용자가 생각하는 설계자의 마음과 실제 설계자의 마음이 달라도 시스템이 불편하게 느껴집니다.

예를 들어 스마트폰을 가지고 있지 않은 사람이 기차역에 내려 근처 약속 장소까지 잘 찾아가도록 하는 방법으로 무엇이 가장 좋을까요? 약도를 붙여 놓으면 될까요? 약도는 지역 지리를 단순화시킨 것이라 처음 그 장소에 가는 사람은 이해하기 힘들 수 있습니다. 약속 장소로 정확히 찾아가도록 행동을 더 쉽게 유도하려면 바닥에 발자국 모양으로 띄엄띄엄 표시하는 편이 더 직관적이므로 효과적입니다. 산행할 때도 특정 색깔의 리본을 중요한 갈림길마다 붙여 놔서 사람들이 특정 장소로 잘 찾아가게 하는 것도 행동유도성이 높은 방법입니다.

　스마트폰 등의 기계를 편하게 쓸 수 있는 이유도 행동유도성이 높은 방법들이 들어가 있기 때문입니다. 손가락으로 스크롤하면 손가락을 떼자마자 화면이 멈추는 게 아니라, 손가락을 쓴 속도에 따라 화면이 더 넘어가도록 합니다. 이것도 인간이 가상공간을 보여 주는 화면이 아닌 다른 물리적 기계를 힘을 써서 작동시키는 것처럼 느껴지게 해서 스마트폰 전용의 사고를 따로 할 필요 없이 편하게 쓰게 하기 위함입니다.

　인간은 더 편하게 살 수 있는 세상을 만들기 위해 여러 도구와 시스템을 만들고 있습니다. 기계가 생각하게 만들려는 목적도 결국 기계를 사용하는 인간이 더 편하게 살기 위함입니다. 인공지능의 목적도 결국 인간의 삶에 도움을 주는 것입니다. 심리학자들은 인공지능으로 인간과 잘 협응하는 시스템을 만드는 동시에 행동유도성이 높아 인간이 편리하게 생활할 수 있도록 하는 시스템을 만들기 위해 노력하고 있습니다. 겉보기에 인공지능은 컴퓨터공학이고 행동유도성은 디자인공학으로 전혀 다른 듯하지만 말입니다.

이성과 감성

결정적 질문 **5**

이성과 감성 가운데

무엇이 더 힘이 셀까?

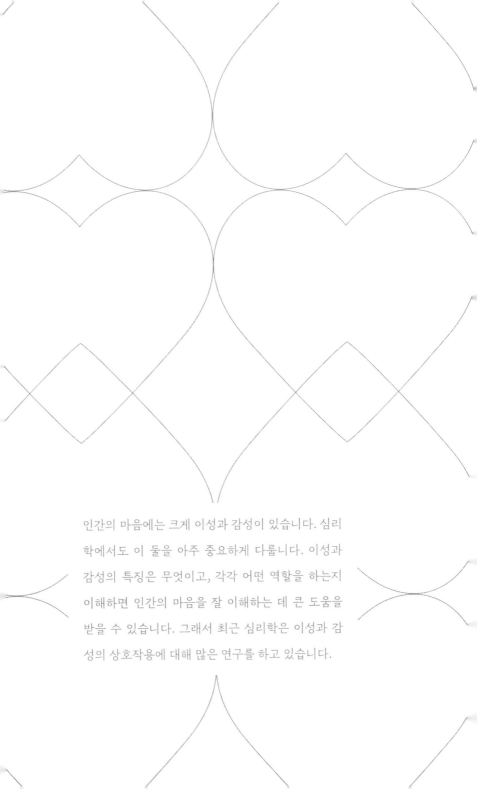

인간의 마음에는 크게 이성과 감성이 있습니다. 심리학에서도 이 둘을 아주 중요하게 다룹니다. 이성과 감성의 특징은 무엇이고, 각각 어떤 역할을 하는지 이해하면 인간의 마음을 잘 이해하는 데 큰 도움을 받을 수 있습니다. 그래서 최근 심리학은 이성과 감성의 상호작용에 대해 많은 연구를 하고 있습니다.

사전을 찾아보면 이성은 '사물의 이치를 논리적으로 생각하고 판단하는 능력'으로 정의됩니다. 감성은 '자극에 대하여 느낌이 일어나는 능력'으로 정의되고요. 쉽게 말하면 이성은 논리적이고 감성은 비논리적입니다. 이성은 사물을 인식하고 판단하는 능력인데 오랜 시간에 거쳐 굳어져서 변화하기 어렵다는 특징이 있습니다. 한편 감성은 감각에 바탕을 두고 있어서 같은 자극이라고 해도 매 순간 변한다는 특징이 있습니다. 철학자들은 매번 변하는 것보다 변하지 않는 것이 더 좋다고 생각해서 고대부터 근대까지 이성을 훨씬 더 강조했습니다.

철학뿐만 아닙니다. 근대 사회의 발전을 일군 과학, 법학, 경제학 같은 학문들도 논리적 이성을 강조했습니다. 반대로 감성은 이성을 방해하는 요소라서 감성에 휘둘리지 않아야 더 좋은 결과를 낼 수 있다고 보기도 했습니다.

예술 분야에서도 이성을 강조했습니다. 예술사에서는 '이성'을 강조하는 고전주의가 오랜 시간 주류로 널리 퍼졌습니다. '감성'을 중시하는 낭만주의는 그에 비해 역사도 짧습니다. 중세를 거쳐 근대 예술을 만드는 중요한 전환점이 된

르네상스도 고전의 부활, 즉 이성의 재발견을 중심으로 번성했습니다. 르네상스 시기에 활동한 레오나르도 다빈치가 예술, 과학 등을 동시에 다 잘한 것은 우연이 아닙니다. 이렇게 문명과 문화가 발전하는 오랜 기간 이성을 강조하는 분위기가 훨씬 더 팽배해 있었습니다.

하지만 현대에 만들어진 학문인 심리학은 다른 입장입니다. 이성과 감성 가운데 어느 것이 더 좋다, 어느 것을 더 많이 써야 한다고 주장하기보다는 인간의 이성과 감성은 어떠하다는 진단을 더 내리려 합니다. 즉 무엇을 '해야 한다'는 처방보다는 일단 무엇이 실제로 '이렇다'라고 주로 묘사합니다. 정확한 진단을 내린 다음에 올바른 처방을 하려고 애쓰지만요. 그렇다 보니 기존에 '인간은 이성적이다'라거나 '인간은 이성적으로 행동해야만 한다'라는 주장과는 사뭇 다른 연구를 하고 있습니다.

그렇다고 '인간은 감성적이다'라거나 '인간은 감성적으로 행동해야만 한다'라고 주장하는 것도 아닙니다. 어떤 부분에서는 이성적이고, 이성적이어야만 하고, 어떤 부분에서는 감성적이고, 감성적이어야만 한다는 식으로 주장합니다. 그래서 애매모호하다고 생각할 수도 있습니다.

하지만 앞서 말했듯이 인간의 심리 특성을 있는 그대로

진단하고, 그 진단에 맞는 처방을 하다 보니 어느 한 입장만 강요할 수 없어서 그렇습니다. 인간에게는 본래 이성도 있고, 감성도 있습니다. 이성이 더 효과적인 상황도 있고, 감성적으로 해결할 때 더 좋은 상황도 있습니다. 반대로 이성이 더 효과적인 상황에서 인간은 감성적으로 행동해 문제를 일으키기도 합니다. 그래서 심리학이 내리는 처방은 인간 마음 안에 있는 이성과 감성을 어떻게 조화시켜 지혜롭게 살 것인지에 대한 것이 대부분입니다.

여러분이 만약 어떤 문제가 있는데 스스로 해결하고 싶다면 자신이 이성과 감성 가운데 어느 한 편으로 지나치게 치우친 것은 아닌지부터 살펴보세요. 그리고 기존 방향과 다른 반대 방향으로 나아가는 방법을 찾아보세요. 그러고도 해결하기 힘든 문제는 전문가의 도움을 받아야겠지만 일상적인 기본 문제들은 다른 접근을 해 보는 것만으로도 많이 나아질 수 있답니다.

이 장 처음에 소개한 이성과 감성에 대한 사전적 정의를 떠올려 보세요. 이성과 감성 모두 '능력'이라는 표현을 사용했지요? 어느 한쪽 능력만 써서 생긴 문제에는 두 능력을 고루 쓸 때 더 잘 대처할 수 있을 겁니다.

이성과 감성 가운데 무엇이 더 힘이 셀까?

이성과 감성 모두 인간이 가진 요소이기는 하지만 둘 중 더 힘이 센 것은 있습니다. 두 손 중 어느 한쪽 손의 힘이 더 강한 것처럼 말입니다. 개개인 특성에 따라 이성이 더 힘이 센 사람도 있겠지만, 일반적으로 감성의 힘이 더 셉니다.

전통적으로 이성이 감성에 바탕을 둔 직관보다 정확하다고 여겨 왔습니다. 하지만 텔아비브대학교 마리우스 어셔 교수 연구진의 연구 결과에 따르면 감성적 결정은 이성적 결정만큼 효과적입니다. 특히 타당한 추론인데 왠지 석연치 않다고 느끼거나 그 근거를 찾지 못한다면, 감성적인 경고를 받아들여 감성에 따른 결정을 하는 편이 더 낫다는 말입니다. 천재 과학자 앨버트 아인슈타인도 "나는 직감과 영감을 믿는다. 때때로 이유를 모르면서 내가 옳다고 느끼기도 한다"라고 했습니다.

감성의 중요성은 뇌의 이마 부분에 해당하는 전두엽 피질과 감정을 처리하는 편도체가 손상된 사례에서 확인할 수 있습니다. 이 부분에 손상을 입은 사람들은 감정에 치우친 결정을 내리지 않습니다. 손원평 작가의 청소년 소설 《아몬드》에는 아몬드 모양의 편도체가 손상된 주인공이 나옵니다. 주

천재 과학자 앨버트 아인슈타인도 직감과 영감을 믿고 그에 따라 결정을 내릴 때가 있었습니다.

인공은 감정을 느끼지 못하기 때문에 여러 환경에 제대로 적응하지 못합니다. 감정적으로 반응해야 하는 상황에서도 소통하지 못하고, 위기 상황에서도 제대로 대처하지 못합니다.

인지신경학자 안토디오 다마지오의 저서 《데카르트의 오류》에도 비슷한 상황의 환자 엘리엇이 나옵니다. 성공한 직장인이자, 좋은 남편이자 아빠였던 엘리엇은 어느 날 뇌를 덮은 수막에 악성종양인 수막종이 생겨 전두엽 조직까지 손상을 입고 말았습니다. 그래서 그 부위를 수술로 제거했습니다. 다행히도 지능을 잃거나 성격이 바뀌지는 않았지만 엘리엇은 아무것도 결정하지 못했습니다. 그는 수술 전엔 유능했지만 아침에 일어나 무엇을 해야 할지, 보고서를 읽고 어느 종이에 내용을 정리할지도 결정하지 못하는 사람이 되었습니다. 결국 일상생활을 정상적으로 할 수 없었고, 지친 아내와는 이혼했으며, 창업했지만 곧 망했습니다. 참담한 상황은 계속되었습니다. 하지만 그럼에도 당사자인 엘리엇은 아무것도 느끼지 못했습니다.

어떤 사람이 무슨 행동을 하기 위해서는 이성적인 판단을 내리기 이전에 감정을 느껴야 합니다. 식당에 가기 전에 인간은 허기를 느끼고 그 허기를 없애고 뭔가를 먹고 싶은 마음이 들어야 합니다. 인간은 밥을 먹어야 산다는 이성적 판단만으로 바로 행동을 하지 않습니다.

뇌가 손상되지 않아도 전두엽 피질이 덜 발달한 청소년 시기에는 무모한 결정을 내리는 경향이 있습니다. 그리고 감정을 잘 조절하지 못합니다. 이럴 때는 성숙한 어른들을 역할모델 삼아 그들이 내린 결정을 참고하면 좋습니다. 위인전을 읽거나 멘토링을 받아도 도움이 되겠지요.

치매 연구자인 도널드 브라이언 칸은 감성과 이성의 차이에 대해 감성은 행동으로 이어지는 반면 이성은 결론으로 이어진다고 주장했습니다. 감성을 뜻하는 영어 단어 'emotion'은 '향하다'라는 뜻의 e와 '움직인다'라는 뜻의 motion이 합쳐진 단어입니다. 이것만 봐도 감정이 행동을 이끈다는 것은 아주 옛날 사람들도 직관적으로 알고 있었던 듯합니다. 이성은 추상적인 생각과 판단 수준에 멈추는 때가 더 많지만, 감성은 확실하게 행동으로 더 많이 이어지기에 감성의 힘이 더 세다고들 합니다. 그래서 예전부터 감성에 너무 휘둘리지 않도록 이성을 강조했던 것이지요.

그런데 이성을 강조한다고 해서 인간이 이성으로 감성을 지배할 수 있을까요? 미국의 인지심리학자 조너선 하이트는 저서 《바른 마음》에서 이성과 감성의 관계를 코끼리와 기수의 비유로 설명합니다. 감성이 코끼리고 이성은 기수입니다. 언뜻 보면 기수의 지시에 따라 코끼리가 움직이는 것처럼 보입니다.

하지만 코끼리가 화나서든 기분이 좋아서든 자기가 가고 싶은 쪽으로 움직이면 어떤가요? 기수가 지시를 내리지만 말을 듣지 않는다면? 기수는 어쩔 수 없이 코끼리가 가고자 하는 방향으로 갈 수밖에 없습니다. 즉 더 힘이 센 코끼리가 방향을 정하면 기수는 그 방향에 맞게끔 시중을 들 뿐입니다. 기수인 이성은 평상시에 마치 코끼리인 감성을 충분히 통제하고 있는 것처럼 보입니다. 하지만 그것은 어디까지나 코

조너선 하이트는 감성을 코끼리에, 이성을 기수에 비유했습니다. 기수인 이성은 평상시에 감성을 통제하고 있는 듯 보이지만, 힘이 더 센 코끼리가 방향을 정하면 기수는 따를 수밖에 없습니다.

끼리가 그래도 된다고 허락했기 때문입니다.

조너선 하이트는 감성이 먼저고, 이성이 그다음에 힘을 발휘한다고도 주장했습니다. 하이트뿐만 아니라 대다수 인지심리학자들도 이에 동의하고 있습니다. 2002년 노벨경제학상을 받은 인지심리학자인 대니얼 카너먼은 저서 《생각에 관한 생각》을 통해 이성과 감성의 관계를 시스템적으로 설명하기도 했습니다.

인간의 마음에는 두 가지 시스템이 있습니다. '시스템 1'은 감성적이고 빠르며 직관적입니다. '시스템 2'는 이성적이고 느리고 논리적입니다. 외부에서 자극이 주어지면 인간은 빠른 시스템 1에 의해 먼저 반응합니다. 그다음에 시스템 2를 통해 논리적으로 합리화를 합니다.

예를 들어 볼까요? 어떤 사람을 보고 감성적으로 싫다는 느낌이 들면 그다음에 그 사람이 싫은 이유를 근거를 찾습니다. 그 사람이 싫은 이유를 먼저 모아서 그 사람을 싫어하는 것이 아닙니다.

인간은 합리적 사고에 근거해 도덕적 판단을 내리지 않습니다. 감성이 먼저 결론을 내리며 이 결정에 맞는 근거를 하나둘 만들어 냅니다. 하이트에 따르면 합리적 추론이란 사후 합리화에 지나지 않습니다.

아주 보편적인 도덕은 이성적으로 파악할 수 있어 어느 사회에서나 비슷할 것 같지만, 문화에 따라 사람들은 다르게 반응합니다. 이것도 문화적으로 각자 익숙한 감성적 느낌이 달라서입니다. 어떤 사회에서는 역겨운 일이 다른 사회에서는 평범한 일이 될 수 있습니다. 한국과 인도와 중국에서 자식이 부모 이름을 부르며 대화하면 사람들은 불편한 감정을 느끼지만, 미국에서는 별로 불편해하지 않습니다. 불편함을 느낀 사람은 그게 왜 문제가 있는지 열심히 근거를 대지만 사실 그것은 이성적 추론이 아니라 자기 감정에 따라 합리화하는 것뿐이라고 하이트는 주장합니다.

인지심리학자들은 도덕적 판단을 내리거나 사회적 사건을 판단할 때, 또 개인적 경험을 스스로 평가할 때 등 인간이 사고하는 어느 순간에나 시스템 1, 즉 감성의 영향이 아주 크다고 주장합니다.

그렇다면 왜 감성의 영향력이 이렇게 클까요? 그것은 진화적 이점 때문입니다. 원시인이었을 때 어두운 숲 앞에서 왠지 두려워 들어가지 않았던 사람은 호랑이가 있을 가능성을 꼼꼼히 따져서 두려움을 줄이고 숲에 들어간 사람보다 생존할 확률이 더 높았습니다. 재난 상황에서 논리적으로 판단해 반응하자며 천천히 생각했던 사람보다는 자신의 느낌대로 생존을 위해 일단 행동했던 사람도 살아남을 확률이 더 높았습니다.

그런데 여기에 문제가 있습니다. 감성이 더 힘이 세다고 해서 감성이 하자는 대로 하는 것이 무조건 좋다는 뜻은 아닙니다. 지금 현대인은 원시인과 같은 상황에 있지는 않습니다. 과거에는 감성적으로 행동하는 편이 더 유리한 측면이 있었지만, 복잡해진 사회에서는 이성적으로 행동하는 편이 더 유리할 수 있습니다. 과거의 철학, 경제학, 법학, 과학이 이성적 추론의 힘만 강조하는 것에 한계가 있었듯이, 심리학에서 밝혀낸 대로 감성의 힘이 세다고 해서 감성만 강조할 필요는 없습니다.

비합리적으로 보이는 것에 마음의 비밀이 있지 않을까?

기존 경제학에서는 합리적인 인간의 선택을 강조했습니다. 비합리적인 선택은 오류라고 생각하고 무시했습니다. 하지만 심리학은 그 오류라고 생각하는 것에 오히려 마음의 비밀이 숨어 있다고 생각했습니다. 그래서 많은 인지심리학자들이 비합리적인 선택을 연구하기 시작했습니다. 그 결과 허버트 사이먼은 인간은 그렇게 합리적이지 않다는 사실을 실험을 통해 밝혔습니다. 그는 그 공로로 심리학자로서는 최초로 노벨경제학상을 받았습니다.

그 이후 대니얼 카너먼도 심리학자지만 경제학 등 다양한 분야에 도움을 준 공로로 2002년 노벨경제학상을 받았습니다. 기존의 경제학 이론은 사람들이 각자의 이익을 최대한 실현할 수 있는 방향으로 의사결정을 내린다고 봤습니다. 하지만 카너먼은 전망 이론Prospect theory을 만들어 사람들은 불확실한 상황에서 합리적 선택을 내리지 않는다고 주장했습니다. 그는 논리적으로 꼼꼼히 따져 보면 틀린 답을 일관되게 선택한다는 사실을 실험을 통해 밝혔습니다.

가장 유명한 실험 연구는 가상의 여성 '린다'에 관한 문제입니다. 여러분도 다음 질문에 직접 답해 보기 바랍니다.

린다는 31세의 독신녀로 외향적이며 매우 총명하다. 전공은 철학이었다. 학창 시절에는 차별이나 사회정의 문제에 큰 관심을 가졌고 반핵 운동에도 참여했다. 린다는 현재 어떤 일을 하고 있을 가능성이 더 클까?

1. 은행 창구 직원이다.
2. 은행 창구 직원이면서 여성해방 운동을 하고 있다.

카너먼의 실험에서 사람들은 대부분 2번을 선택했습니다. 더 그럴듯한 느낌을 주니까요. 하지만 수학시간에 배운 집합 개념과 벤다이어그램을 잘 생각해 보세요. 1번은 단일 사건인 '은행 창구 직원'에 해당하지만, 2번은 직원과 여성해방운동가 두 사건의 교집합에 해당합니다. 두 가지 사건이 동시에 일어날 확률은 한 가지 사건이 일어날 확률보다 절대 클 수 없으니 1번의 가능성이 더 큽니다. 하지만 2번이

린다라는 여성을 더 잘 설명하는 느낌을 줍니다. 그래서 논리적으로 더 따져 보지 않고 2번을 선택합니다. 이런 성향을 인지편향이라고 합니다.

다른 편향도 살펴볼까요? 수학 실력이 비슷한 두 사람을 골라서 그중 한 명에게 실제로 계산하라고 하지 말고 다음

인지편향

삶에 대한 태도를 결정짓는 '좋은 인생인가, 나쁜 인생인가'라는 평가도 인지편향을 피할 수 없습니다. 대표적인 것이 '초점 착각(Focusing illusion)'입니다.

예를 들어 고등학생은 중학생이 입시 부담이 덜해서 행복할 것이라 생각하고, 대학생은 취업 부담이 없는 고등학생이 자신보다 더 행복할 것이라 생각하는 것이 초점 착각입니다. 직장인은 대학생이 직장에서 받는 스트레스가 없으니 더 행복할 것이라 생각하고, 기혼자는 미혼이 가정에 대한 책임이 덜해서 행복할 것이라 생각하고, 미혼은 기혼자가 안정된 가정 덕분에 더 행복할 것이라 생각하는 것도 마찬가지입니다.

국내외 관광지에 살면 늘 휴양하는 기분이 들어서 서울에서 사는 것보다 더 행복하다고 생각하는 것도 초점 착각입니다. 행복에 필요한 요소는 너무도 다양한데 어느 한 요소에 의해 행복하거나 불행할 수는 없습니다. 단지 그 요소에 초점을 두면 마치 그런 것처럼 느껴질 뿐입니다.

이성과 감성 가운데 무엇이 더 힘이 셀까?

수학 문제의 답을 5초 안에 추리하게 해 보세요. 여러분이
직접 추리하셔도 됩니다.

9 x 8 x 7 x 6 x 5 x 4 x 3 x 2 x 1 =?

그리고 다른 한 명에게 똑같은 요령은 아래 질문에 답을
추리하게 해 보세요.

1 x 2 x 3 x 4 x 5 x 6 x 7 x 8 x 9 = ?

여러분이 혼자서 답을 생각하는 경우라면 첫 번째 질문과
두 번째 질문의 답이 같다는 것을 알 거예요. 그런데도 왠지
9로 시작하는 첫 번째 질문에 대한 답의 숫자가 더 클 것 같
지 않나요?

실제로 두 명에게 추정값을 적어 보라고 하면 대부분 첫
번째 문제에 더 큰 답을 적습니다. 그 이유는 첫 번째 수에
더 비중을 둬서 정보를 처리하기 때문입니다. 이런 편향을
'닻 내리기 효과'라고 합니다. 배가 닻을 내리면 그 주변에서
머무는 것처럼 마음도 일단 기준점을 잡으면 멀리 벗어나지
않는 성향이 바로 닻 내리기 효과입니다.

쇼핑 사이트나 마트에서 2만 원 정가의 물건보다 19,900원처럼 앞의 숫자를 바꾼 금액을 붙인 물건이 더 많은 까닭도 닻 내리기 효과를 노리기 때문입니다.

현재 많은 인지심리학자가 수백 개의 인지편향을 찾아냈습니다. 인지편향은 기존 학문에서 오류라고 생각했던 것들이지만, 심리학에서는 인간 심리의 특성을 더 잘 보여 주는 사례로 중요하게 여깁니다. 이런 노력이 모여서 심리학과 경제학이 합쳐진 새로운 학문인 '행동경제학'이 생겨나기도 했습니다. 가장 대표적인 학자는 세계적인 베스트셀러 《넛지》의 저자이자 2017년 노벨경제학상 수상자이기도 한 리처드 탈러입니다. 인간을 이성적으로 설득하는 것이 아니라, 감성 또는 직관으로 살짝 건드려서 얼마나 쉽게 행동을 바꿀 수 있는지 《넛지》를 읽고 알아보기를 추천합니다.

책에 나오는 한 사례를 소개하겠습니다. 영국 정부는 국민들에게 전기를 아껴 쓰라고 호소해 왔지만 큰 효과는 없었습니다. 그러다가 이웃집의 전기 사용량을 알려 주는 시스템을 구축했습니다. 그러자 동네의 전체 전기 사용량이 줄기 시작했습니다. 옆집이 자기 집보다 전기요금을 덜 냈다는 사실을 알게 되자 전기 절약에 나선 것입니다. 한국에서도 전년도에 자신이 썼던 사용량과 현재 사용량, 다른 가

구의 평균 사용량을 동시에 비교할 수 있는 서비스를 제공하며 전기 절약을 유도하고 있습니다.

이성적으로 따져 보면 입시 부담이나 좋은 자연환경, 날씨 말고도 행복과 불행을 가르는 요소는 많이 있습니다. 흔히들 불운하다고 말하는 인생일지라도 그 과정에서 무언가 배워서 더 훌륭하고 행복한 삶을 살 수도 있습니다. 어느 한 가지에만 초점을 두고 감성적으로 행복을 판단하면 오히려 행복과 멀어지게 됩니다.

심리학자는 행복을 인지적 행복과 정서적 행복으로 구별합니다. 인지적 행복은 판단의 결과로 느끼는 만족에 더 가깝습니다. 정서적 행복은 지금 현재 느끼는 감정에 가깝습니다. 예를 들어, 내일 시험인데 오늘 그냥 놀면 정서적 행복은 클지 몰라도, 내일의 인지적 행복은 작을 가능성이 크겠지요?

유타대학교와 버지니아대학교의 심리학과 교수인 에드 디너 연구진은 2005~2006년 사이 132개국에서 수집된 자료를 분석해 행복의 요인을 찾아보았습니다. 그 결과 인지적 행복에는 물질적 풍요, 즉 소득 수준과 텔레비전이나 컴퓨터, 인터넷 등 문명의 이기를 얼마나 누리고 있는지, 그리고 생활 수준에 얼마나 만족하고 있는지 같은 요소가 중요한 역할을 했습니다. 반면 정서적 행복에는 물질적인 것보다는 새로운 것을 배우고 자율성을 느끼며 자신의 재능을 발휘하고 존중받는다고 느끼는 것, 응급 시 도움을 요청할 사람들이 있는가의 여부가 중요한 역할을 했습니다. 이 연구 결과를 봐도 어느 하나의 요소가 충족되었느냐 아니냐에 따라 행복 여부를 단순하게 생각하거나 느낄 수 없음을 알 수 있습니다. 그러니 이성과 감성을 오가며 좋은 것들을 종합적으로 판단하고 실행하도록 노력해야 합니다.

이성과 감성의 조화를 어떻게 이뤄야 할까?

뇌는 상징적으로 두 개의 반구로 나누어져 있습니다. 오른쪽 우반구는 감성적이고 직관적인 측면을 담당합니다. 왼쪽 좌반구는 이성적이고 논리적인 측면을 담당합니다. 이 두 가지 반구의 관계가 서로 균형을 이뤄야만 우리는 뇌의 잠재력을 많이 발휘하며 지혜롭게 살 수 있습니다.

그런데 여러 심리학 연구 결과에 따르면 보통 감정이 이성을 이깁니다. 그래서 문제가 생기기도 합니다. 그 문제들을 막으려면 감정이 흘러넘치기보다 이성의 힘을 발휘할 여지를 만들어 줘야 합니다. 그래야 이성과 감정 사이에 균형을 유지해서 더 나은 결정을 내릴 수 있습니다.

좋은 결정을 내리는 첫 번째 방법은 이성과 감정이 대립하지 않도록 하는 것입니다. 자신의 감정을 알고 그 감정에 적당한, 지나치지 않은 선택을 해야 합니다. 그렇지 않으면 이성적으로는 결정했는데 감정적으로는 분노하거나 아쉬워 후회하며 고통받는 상황이 벌어질 수 있으니까요.

예를 들어 후회라는 감정은 어떤 사건에 대해서 이성적으로 판단한 결과로 인해 느껴지는 감정입니다. 만약 이성적 판단이 감정을 애초에 따랐다면 후회라는 감정은 커지지 않았을 것입니다. 원하던 결과가 나오지 않아도 잠시 아쉬워하다가 있는 그대로 받아들일 확률이 더 높습니다.

진로 계획을 할 때 하고 싶은 일이 있는데 이성적으로 남들이 좋다고 하는 진로를 선택해 취업했다고 가정해 봅시다. 그 직업에 만족하지 못한다면 원래 자기가 하고 싶었던 것을 선택했으면 어땠을까 하면서 후회할 수도 있겠지요? 이성과 감정이 대립하는 방향으로 결정했기 때문입니다. 자신이 하고 싶은 일을 선택하되 다른 사람들이 이성적으로 짚어 준 요소를 받아들여 보충하는 식으로 꿈과 목표를 조율하면 원하는 결과를 얻을 확률도 더 높아지고, 설령 원하는 결과를 못 얻었더라도 자신이 선택한 일이니 받아들일 수 있습니다.

두 번째 방법은 이성과 감성을 잘 분리하기입니다. 미국의 심리학자 머리 보웬은 감정과 이성이 잘 분리되어 있을수록 성숙한 사람이라고 했습니다. 전문 용어로는 자기 분화Self-Differentiation라고 합니다. 자기 분화를 통해 자신의 이성과 감성을 잘 구별해서 균형을 잘 맞추고 조화를 이루게 됩니다. 자기 분화는 타인과 자기도 잘 구별해서 타인의 문제를 자기 것으로 떠안거나, 자기 문제를 남에게 떠넘겨 관계를 망치는 것도 막게 해 줍니다.

만약 감정적으로만 행동하면 즉각적으로 행동하다가 감정에 압도되기 쉽습니다. 화를 내기 시작해서 이성적으로 가라앉히지 않고 막 행동하면 화가 화를 부르는 경험을 하게 됩니다. 이런 선택은 미성숙한 결정입니다.

한편 이성만을 사용하는 것도 문제입니다. 감정적으로 처리해야 하는 일을 철저히 이성적으로만 판단하며 넘기면 성장할 기회를 잃고 맙니다.

감정적으로 처리해야 할 일을 감정적으로 처리하지 않는 이유는 대개 그 감정을 감당하기 힘들기 때문입니다. 영화 〈굿 윌 헌팅〉의 주인공 윌은 심리상담가와 상담할 때 어렸을 때 아버지에게 받은 학대로 인한 상처가 "네 잘못이 아니야"라는 말을 듣습니다. 월은 당연하다는 듯 무덤덤하게 "네, 알아요"라고 대답합니다. 자기 문제인데도 이성적으로만 판단했기 때문입니다. 심리상담가는 여러 번 "네 잘못이 아니야"라는 말을 반복합니다. 영화 후반부로 갈수록 월은 점점 무너집니다. 이성의 벽을 뛰어넘어 감정적으로 과거를 받아들이기 시작했기 때문입니다. 결국 그 감정을 정리한 이후 월은 제대로 성장할 수 있었습니다.

이렇듯 이성이나 감성 가운데 어느 하나만 사용하는 것은 미성숙한 태도입니다. 둘을 구별해서 감정적인 사건은 감정적으로 느끼고, 그에 대한 판단은 제대로 이성적으로 하는 태도가 성숙한 태도입니다. 그 반대도 마찬가지입니다. 이성적으로 판단해야 하는 일에 너무 감정적으로 대처하면 문제를 일으키게 됩니다. 예를 들어 조별 과제를 할 때 힘을 합쳐야 하는데 싫어하는 팀원이 있다고 일부러 과제를 하지 않으면 그 피해는 자기도 입게 되니까요.

세 번째 방법은 약한 이성의 힘을 자주 발휘할 기회를 갖는 것입니다. 약하다고 해서 쓰지 않으면 더 약해지겠지요? 그래서 수시로 이성적으로 생각해 보는 습관을 들이면 도움이 됩니다. 감정적으로 많이 흔들릴 때가 아니라 평온할 때

가까운 이의 죽음이나 어릴 때 부모에게 받은 상처 등 감정적으로 처리해야 할 일을 감정적으로 처리하지 않고 넘어가면 성장할 기회를 잃게 됩니다.

일부러 시간을 두고 천천히 생각하는 훈련을 해 보세요. 이성적으로 생각해 본다면서 너무 빠르게 결정하면 사실은 감성으로 판단한 것일 수 있으니 꼭 천천히 생각해 보기 바랍니다. 천천히 생각하라는 말은 한 가지 문제를 여러 번 생각하면서 기존에 생각했던 것과 다른 면을 발견하려고 노력하라는 말입니다.

이성의 힘을 발휘하려면 제3자의 입장에서 객관적으로 문제를 보는 것이 도움이 됩니다. 자기 문제이기 때문에 더 감정적으로 대하게 될 확률이 높지만, 다른 사람의 문제라고 생각하면서 이성적으로 접근하려고 노력하는 것이 중요합니다. 자신의 사례와 비슷한 다른 사람의 사례를 찾아 비판적으로 검토하는 것도 좋습니다. 중요한 것은 이성의 힘을 발휘할 기회를 주는 것이지, 특정한 형식 자체를 따라야 하는 것은 아니니까요.

제3자의 입장에서 보는 것이 만약 힘들다면 가상의 토론쇼를 열어 보세요. 머릿속으로 자기 입장도 대변하고, 반대 입장의 사람도 생각하고, 관객의 반응도 살펴보는 거예요. 누가 토론에서 이기느냐가 중요한 게 아닙니다. 이렇게 하는 과정에서 문제를 다양한 각도로 바라보게 해서 이성적 판단을 내리도록 돕는 것에 목적이 있으니까요. 그러자면 자기 입장을 상대에게 윽박지르기보다는 '상대 토론자'가 되어 자신의 생각과 이유를 하나하나 반박해 보는 과정이 정말 필요합니다.

이 모든 방법은 **기분 일치 판단 효과**를 고려해 감정이 기복이 있을 때 내리지 말고 안정적일 때 하는 것이 좋습니다. 그렇지 않으면 기분에 너무 좌우되어 효과를 거두지 못할 수도 있으니까요. 너무 무리하지 않고 몸 상태를 살피며 운동해서 천천히 근육을 보기 좋게 키우듯, 마음 운동도 너무 무리하지 말고 천천히 꾸준히 하는 것이 더 좋다는 점 잊지 마세요.

기분 일치 판단 효과

기분 일치 판단 효과는 판단을 내릴 때 객관적으로 가치 있는 정보를 종합해서 결정하는 것이 아니라, 현재 자신의 기분과 일치하는 정보를 모아서 결정하는 성향을 말합니다. 예를 들어 기분이 안 좋을 때 교통사고나 범죄 같은 나쁜 일들이 실제 통계보다 더 많이 일어난다고 판단하는 것입니다. 반대로 기분이 좋으면 좋은 날씨가 나쁜 날씨에 비해 더 자주 일어날 것이라 기대하고요.

주식 투자도 마찬가지입니다. 기분이 나쁘면 투자해도 손실을 볼 것 같은 정보에 민감해서 소극적이 되고, 기분이 좋으면 투자하면 다 수익을 볼 것 같아 무모하게 덤빕니다. 사기꾼도 상대를 기분 좋게 해서 투자하게 만들지요. 나중에 정신을 차려 보면 이성적으로 전혀 말이 안 되는 논리로 사기꾼이 자신을 설득했음을 알게 됩니다.

기분 일치 판단 효과에 의해 잘못된 결정을 하지 않으려면 자신의 기분이 일단 긍정과 부정 가운데 어디에 가까운지를 객관적으로 판단하려 노력해야 합니다. 만약 그런 판단을 하기 힘들다면 기분이 긍정도 부정도 아닌 중립적인 상태가 될 때까지 결정을 미뤄야 합니다.

이성과 감성 가운데 무엇이 더 힘이 셀까?

개인과 집단

다른 사람과 함께할 때

마음은 어떻게 달라질까?

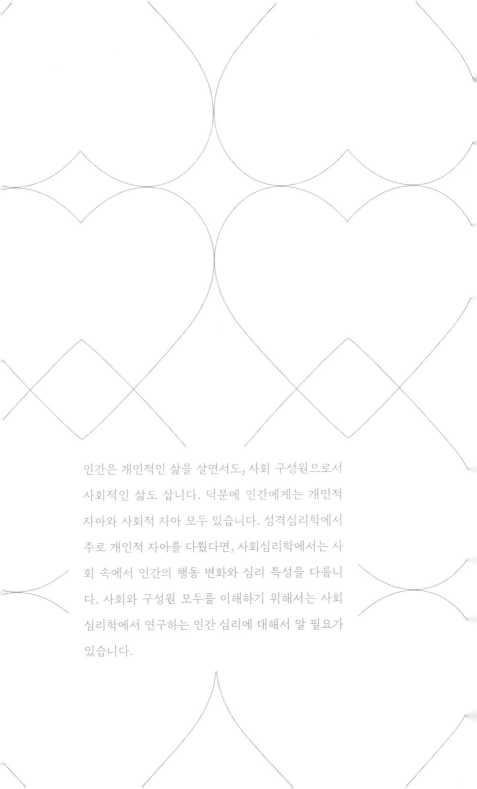

인간은 개인적인 삶을 살면서도, 사회 구성원으로서 사회적인 삶도 삽니다. 덕분에 인간에게는 개인적 자아와 사회적 자아 모두 있습니다. 성격심리학에서 주로 개인적 자아를 다뤘다면, 사회심리학에서는 사회 속에서 인간의 행동 변화와 심리 특성을 다룹니다. 사회와 구성원 모두를 이해하기 위해서는 사회심리학에서 연구하는 인간 심리에 대해서 알 필요가 있습니다.

여러분이 혼자 앞만 보고 걷는데, 앞에서 세 명 정도가 하늘을 봅니다. 그럼 어떻게 할 건가요? 대부분 다른 사람을 따라서 하늘을 올려다봅니다. 늘 혼자 잘 다니던 골목으로 접어들었는데 사람들이 놀란 표정으로 우르르 뛰어나오면 혼자서 골목 안으로 계속 가기보다는 사람들을 따라 골목에서 벗어날 확률이 더 높습니다. 이 정도는 충분히 다른 사람들을 따라 해도 별 상관 없다고요?

미국 심리학자 솔로몬 애쉬는 각각 길이가 다른 선분 세 개를 가지고 사람들이 얼마나 다른 사람에게 영향을 받는지 실험했습니다.

다음 페이지의 왼쪽 선분과 길이가 같은 것을 A, B, C 중에 골라 보세요. 너무도 명확하게 답은 C입니다. 애쉬의 실험에 참가한 이들도 쉽게 답을 알아챘습니다. 그런데 애쉬는 변수를 두었습니다. 혼자서 답을 맞히는 게 아니라, 실험 참가자가 답을 말하기 전에 다른 실험 참가자의 답을 먼저 듣는다는 조건을 걸었습니다. 다른 실험 참가자들은 사실 연구자가 연기를 부탁한 실험 협조자였습니다. 실험 협조자들은 C가 아닌 다른 답이라고 일관되게 말했습니다.

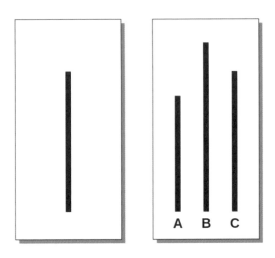

미국의 심리학자 솔로몬 애쉬는 사람들에게 선분 세 개의 길이를 묻는 실험을 했습니다.

결과는 어땠을까요? 세 명 가운데 약 두 명은 자기의 생각과 다르더라도 다른 사람의 답을 따라서 대답했습니다. 명백하게 틀린 답인지 알면서도 집단 의견에 쉽게 동조한 것입니다.

낯선 곳에 갔는데 어떤 식당 앞에 사람들이 줄을 길게 서 있으면 일단 줄을 따라 서고 보는 심리도 동조 효과로 인한 것입니다. 자신과 취향이 다른 사람들이 올렸을 수도 있는 온라인 댓글이나 별점 평가를 보는 것도 그렇고요.

홈쇼핑 호스트들이 방송하는 동안 상품의 판매 수량을 실시간으로 알려 주는 것도 동조 효과를 높여 소비자가 구매하도록 하기 위함입니다. '완판 상품'임을 강조하는 것도 동조 효과 때문이지요. 이미 사람들이 알아서 다 사서 물량이 없을 정도라면 굳이 광고할 필요가 없겠지요. 이 말은 다른 사람들이 완판될 정도로 사고 있으니 진짜 완판되도록 구매해 달라는 메시지에 더 가깝습니다.

다른 사람에 의해 이 정도로 행동이 바뀌는 것은 아직 상관 없다고요? 심리학자들은 인간이 사회적 환경에서 얼마나 생각과 행동이 바뀌는지를 더 확인해 보고 싶었습니다. 그중 한 명이 바로 미국 심리학자인 스탠리 밀그램입니다. 그는 흔히 밀그램 실험 또는 복종 실험이라고 불리는 연구를 했습니다.

밀그램은 애쉬의 제자로, 단순한 동조로는 독재자나 종교 우두머리를 따르는 광기 어린 현상이나 유대인 학살 같은 현상을 설명하기에 부족하다고 보고 다른 실험을 기획했습니다. 밀그램은 마을 신문에 '기억력에 관한 연구'에 참가할 실험 참가자를 모집한다는 광고를 실었습니다. 평범한 시민들은 실험 목적을 모른 채 선생님 역할을 맡았습니다. 한편 참가자들에게 보이지 않는 칸막이 뒤에서는 실험 협조자가 학생 역할을 맡았습니다.

실험 참가자들은 흰색의 가운을 입은, 전문가로 보이는 연구자에게 이런 지시를 받았습니다. "칸막이 너머에 있는 남자가 당신이 불러 준 단어를 잘 암기하지 못하면 이 전기 충격기의 버튼을 누르시오."

버튼은 약한 수준인 15볼트부터 생명까지 잃을 위험 수준인 450볼트까지 30개가 있었습니다. 실험이 시작되자 참가자는 연구자의 지시대로 칸막이 너머 사람이 오답을 말할 때마다 버튼을 눌렀습니다. 약한 강도에서 점점 높은 강도로 전기충격이 가해지자 칸막이 너머 사람은 비명을 지르고 버튼을 누르지 말아 달라고 간청하며 울부짖었습니다. 그러다가 어느 시점에는 기절했는지 아무 소리도 들리지 않았습니다.

참가자들은 힘들어하며 실험을 멈추어 달라고 연구자에게 부탁했습니다. 하지만 연구자는 거절했습니다. 연구자가 실험 참가자들에게 협박이나 처벌 등의 부정적 행동도 하지 않고 그저 권위 있게 행동하기만 했다는 점을 잊지 마세요. 그 권위적인 행동에 참가자 가운데 대략 80퍼센트가 다른 사람의 생명을 잃게 만들 수 있는 전기충격을 결국 주었습니다.

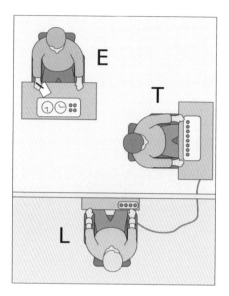

스탠리 밀그램이 1961년 시행한 밀그램 실험. E는 피실험자(Experimenter), T는 선생(Teacher), L은 학생(Learner)입니다. 선생이 학생에게 문제를 내고 학생이 틀리면 선생이 학생에게 전기충격을 가하도록 했습니다. 그러나 사실 학생 역할의 피실험자는 배우였으며, 전기충격 장치도 가짜였습니다. 밀그램 실험을 통해 사람이 얼마나 권위적인 행동에 순응해 얼마나 끔찍한 일까지 벌일 수 있는지 확인했습니다.

이 실험을 통해 심리학자들은 인간이 권위에 얼마나 나약한 존재인지와 더불어 권력에 순응해서 얼마나 끔찍한 일까지 벌일 수 있는지를 확인했습니다.

과학적인 시사점이 많았지만 실험 참가자에 심리적 스트레스를 너무 줬기 때문에 현재는 이런 실험을 하지 못합니다. 게다가 이 실험은 비판도 받습니다. 뤼트허르 브레흐만은 저서 《휴먼 카인드》에서 밀그램 실험이 인간이 원래 사악한 권위에 쉽게 무릎을 꿇는 본성을 갖고 있다는 결론은 잘못되었다며 비판합니다. 참가자들은 대학에서 진행하는 실험 상황이라는 것을 알았기 때문에 끝까지 명령을 따랐다는 것입니다. 하지만 역사상 끔찍한 전쟁 범죄와 집단 가혹 행위 같은 사례를 생각하면 어느 한쪽이 틀렸다 맞았다 하기 힘든 상황이기는 합니다. 확실한 것은 인간은 혼자 있을 때 하지 않을 행동을 남과 함께할 때는 행할 가능성이 크다는 사실입니다.

개인적 생각과 집단의 생각은 어떻게 다를까?

흔히 개인적으로 생각하는 바를 여러 사람과 있을 때도 자유롭게 말할 수 있다고 생각하기 쉽습니다. 하지만 심리학 연구에 따르면 그렇지 않습니다. 인간은 집단에 속해 있을 때 그 집단에 맞는 사고방식을 하게 됩니다. 개인적으로는 트로트를 좋아해도, 힙합 댄스 동아리에 속해 있으면 힙합 정신에 어울리는 생각과 행동을 보이려 합니다. 이렇게 주변 환경에 맞추어 행동하는 것을 **카멜레온 효과**라 부릅니다. 이것은 적응이라는 측면에서는 좋습니다. 하지만 적응

카멜레온 효과

횡단보도에서 신호를 기다리고 있다가 다른 사람이 건너기 시작하면 신호등을 확인하지 않고 함께 따라가는 것도 동조 효과입니다. 그런데 더 범위를 좁혀 보겠습니다. 애쉬의 동조 실험에서처럼 조직의 규범에 억지로 따르는 게 아니라, 다른 사람을 따라 걷는 것처럼 자신도 모르게 상대를 따라 하는 동작을 '카멜레온 효과'라고 부릅니다. 카멜레온의 피부색이 자동으로 주변의 환경에 맞춰 바뀌는 것에 빗댄 표현입니다. 동조 효과 하위에 카멜레온 효과가 있다고 생각하면 됩니다.

왜 카멜레온 효과가 생겼을까요? 카멜레온이 자신을 보호하기 위해 색을 무의식적으로 바꾸는 경지에 도달했듯이, 인간도 다른 사람의 행동을 모방해서 생존 가능성을 높였을 가능성이 큽니다. 골목에서 사람들이 우르르 나올 때 이것저것 재지 않고 따라 뛰어야 만약의 위험에서 벗어날 수 있으니까요. 물론 아무것도 아닌 일 때문에 사람들이 뛰었을 가능성도 있지만, 생존은 딱 한 번 실수로 위험에 처하게 되니 아주 사소한 가능성도 크게 고려하도록 진화적으로 설계되어 있답니다.

심령 현상으로 알려진 동작들도 무의식적인 카멜레온 효과로 일어날 수 있습니다. 여러 사람이 함께 잡은 볼펜이 특정 방향으로 저절로 움직이는 것 같은 분신사바 게임, 영매가 영혼을 부를 때 원형 테이블이 움직이거나 두드려지는 듯한 느낌도 다른 사람의 암시나 미세한 행동을 무의식적으로 따라 하다 보니 일어나는 것일 수 있습니다.

다른 사람과 함께할 때 마음은 어떻게 달라질까?

을 넘어서 집단에 맞추려고 개인적 생각과 행동을 과도하게 굽히려 하면 문제입니다. 대표적인 예가 바로 집단 사고입니다.

집단 사고는 동조의 압력으로 인해 충분하게 논의되지 못한 상태에서 합의에 도달하는 현상입니다. 집단 사고는 창의력을 존중하지 않는 집단에서 더 많이 일어납니다. 주로 권위적이며 지시적인 지도자가 있는 집단이나 결속력이 높은 집단에서도 이 현상이 잘 일어납니다. 긴박한 상황이어서 어떻게든 결론을 내리고 싶어 할 때도 집단 사고의 발생 확률은 높습니다.

2022년 러시아가 단기간에 전쟁을 끝낼 수 있다며 자신만만하게 우크라이나를 침공한 것도 집단 사고 때문입니다. 다양한 정보, 유능한 관료가 있었음에도 러시아 사회에는 개인적인 생각을 밝힐 분위기가 있지 않았던 것입니다.

다른 의견을 내면 배신자로 낙인을 찍거나, 만장일치가 가장 좋다고 생각하거나, 자기만 빼놓고 다 같은 의견을 갖고 있다고 착각해서 집단 구성원들이 저마다 의견을 내지 않아도 집단 사고는 일어납니다.

집단 사고와 관련해서 또 위험한 문제로는 '집단 극화'가 있습니다. 기존에 개인적으로 생각하던 바가 있더라도 집단

속에 있으면 더 과격하고 극단적으로 생각하고 표현하고 행동하는 것이 바로 집단 극화입니다. 예를 들어 약간 보수적인 생각을 하고 있었더라도 보수 집단에 들어가면 원래 하던 생각보다 더 보수적인 말과 행동을 해서 자신의 존재감이 집단 내에서 묻히지 않게 노력합니다. 이런 행동도 집단 극화 현상입니다.

어느 온라인 게시판에서 특정 연예인에 대해 비판하는 댓글을 쓰다가 극단적인 악플을 다는 경우 역시 집단 극화의 한 예가 될 수 있습니다. 계속 달리는 악플이 다른 구성원에게도 악플을 달아야 하는 압력처럼 작용하고, 웬만한 의견으로는 존재감을 발휘할 수 없다고 생각해 더 극단적으로 표현하게 되는 것입니다. 그렇게 하는 사람이 점차 많아지면 전체적으로 게시판 분위기가 극단적으로 변합니다.

다수의 의견은 동조 압력을 만들어 집단 구성원을 따르게 하기 쉽습니다. 그러나 반대 사례도 있습니다. 바로 소수의 영향력입니다. 유행이 시작될 때를 떠올려 보세요. 처음에는 소수의 사람이 주도합니다. 그것을 다수가 영향을 받아 유행이 되는 것이지요. 그런데 몇몇 사람이 한다고 모두 유행하는 것은 아닙니다. 어떤 경우는 소수가 하니 오히려 더 쉽게 무시받기도 합니다. 왜 이런 차이가 생기는 걸까요?

인원수를 나타내는 숫자 자체가 중요한 게 아니라, 그 소수가 누구이고 어떤 행동을 하느냐가 더 중요합니다. 즉 소수의 영향력은 주장에 일관성이 있고, 논리정연하며, 자신 있는 행동으로 나타날 때 큽니다. 만약 여러분이 소수에 가까운 생각과 행동을 하고 있다면 이 점을 잊지 마세요. 자신의 신념에 확신을 갖고 일관되게 행동했기에 독립 운동가도 있었고, 유행을 선도하는 사람도 용기를 냈기에 성공했답니다.

'내로남불'의 오류를 줄이고 갈등을 해결하는 방법

개인은 사회적 상황에서 갈등을 느끼기도 합니다. 개인과 집단의 갈등도 있고, 자신이 속한 집단과 다른 집단과의 갈등을 느끼기도 합니다.

이런 갈등에서 벗어나려면 갈등을 일으키는 몇 가지 생각의 허점에서 벗어나야 합니다. 첫 번째는 '내가 중요하게 생각하는 것을 상대방도 중요하게 생각한다'고 여기는 오류에서 벗어나야 합니다. 상대가 중요하게 생각하는 것을 들어 보거나, 내가 중요하게 여기는 게 뭔지 상대에게 표현하지 않고 지레 넘겨짚어 갈등을 키우게 됩니다. 아주 구체적으로 서로 원하는 것을 이해하려는 노력이 필요합니다.

두 번째는 어떤 일의 원인을 다르게 적용하는 오류에서 벗어나야 합니다. 예를 들어 자신이 대기 줄을 무시하고 새치기하면 응급 상황이라 그럴 수밖에 없었다고 상황 탓을 하지만, 남이 새치기하면 파렴치한 성향 때문이라고 생각하는 식이지요. 물론 상대방의 성향 탓일 수도 있지만, 성급하게 몰아가지 말고 그 원인이 맞는지 일단 객관적으로 검토해야 합니다.

세 번째, 자신의 견해는 객관적이고 현실적이라고 여기지만 상대의 견해는 그렇지 않다고 여기는 오류에서 벗어나야 합니다. 상대를 자신보다 못한 존재로 생각하면 굳이 그 사람을 배려할 생각을 갖지 못합니다. 일부 '꼰대'가 자기보다 더 나이가 적은 사람들을 '요즘 아이들'이라면서 그들을 미성숙한 존재로 몰아가고 그들의 생각과 행동을 무시하는 것도 이 오류 때문입니다.

네 번째는 지금 느껴지는 갈등이 실제보다 더 크고 어려운 것처럼 부풀려졌을 수 있는 인지적 함정에서 벗어나기입니다. 배가 고프면 음식 양이 조금만 적어도 많이 적은듯 흥분하는 것처럼, 갈등이 크면 서운한 부분이 더 왜곡되게 느껴집니다. 상대의 부정적인 태도도 아주 공격적인 것처럼 느껴지고, 상대의 생각과 행동을 전할 때도 감정적이어서 더 강한 표현을 찾다 보니 사실을 왜곡하기 쉽습니다.

다섯 번째는 가장 많이 이야기되는 역지사지의 태도입니다. 역지사지는 상대편의 관점에서 생각해 보는 태도입니다. 다른 사람의 입장을 헤아리거나, 자신이 속한 집단이 아닌 다른 집단의 관점에서 생각해 보는 것은 문제를 바라보는 새로운 시각을 주고 상대방에 대한 부정적인 생각을 줄여서 결국 갈등을 해결하는 데 큰 도움이 될 수 있습니다.

사람의 인상은 어떻게 만들어질까?

집단 속이든 집단 밖이든 인간은 사회적 동물이기에 다른 사람을 만납니다. 그때 다른 사람의 인상을 어떻게 느끼고 자신의 인상을 어떻게 주느냐에 따라 그 사람과의 관계가 달라집니다. 심리학에서 밝혀낸 인상 형성과 관련된 원리로는 크게 세 가지가 있습니다.

첫 번째, 초두 효과입니다. 기억 연구에서 소개했던 초두 효과와 비슷한 내용입니다. 그런데 이 효과는 다른 사람의

사람의 첫인상은 중요하다고들 합니다. 그런데 첫인상은 어떤 요소에 의해 좌우될까요? 어떤 효과에 의해 좌우되는지 알면 첫인상을 바꿀 수도 있지 않을까요?

인상을 판단할 때도 적용됩니다. 예를 들어 여러분이 앞으로 만날 사람에 대해 다음과 같은 정보를 들었다고 상상해 보세요.

- 똑똑하다
- 부지런하다
- 충동적이다
- 비판적이다
- 고집이 세다
- 질투심이 강하다

만약 그 사람에 대한 인상을 긍정적으로 평가했다면 처음에 제시했던 '똑똑하다'와 '부지런하다'와 같은 정보가 주로 인상을 형성했기 때문입니다. 애쉬의 실험에서는 지금처럼 '똑똑하다'로 시작해서 '질투심이 강하다'로 끝나는 조건을 제시했을 때와 거꾸로 '질투심이 강하다'로 시작해서 '똑똑하다'로 끝나는 조건을 제시했을 때를 비교했습니다. 사람들이 평가한 인상은 달랐습니다. 즉 똑똑하다로 시작한 경우에는 긍정적 인성 평가를, 질투심이 강하다로 시작하는 경우에는 부정적인 인상 평가를 했습니다. 모두 초두 효과가 나타난 것입니다.

초두 효과가 나타나는 이유는 우리의 뇌가 본능적으로 일관성 있게 정보를 처리하려고 하기 때문입니다. 그 덕분에 처음에 들은 정보와 나중에 들은 정보가 반대될지라도 뇌는 나중에 들은 정보를 상당 부분 무시합니다. 결국 무시한 정보는 기억에 남지 않으니 처음에 접한 정보를 기준으로 판단합니다. 여러분도 누군가에게 자기를 소개하거나 제3자를 통해 정보를 전달할 때는 긍정적인 정보부터 알려 줄 수 있도록 주의하세요.

두 번째, 최신 효과입니다. 최신 효과는 초두 효과와 반대로 나중에 제시된 정보가 더 잘 기억되어 인상 형성을 결정짓는 요인으로 작용하는 효과를 말합니다. 만약 초기 정보가 잊어버릴 정도로 너무 일찍 제시되었다면 초두 효과는 사라지고 최신 효과가 남습니다. 그래서 정보를 많이 제공한 다음 마지막에 긍정적이다 싶은 정보를 제시해서 '참 좋은 사람'이라는 메시지를 전달하는 홍보 전략도 있습니다. 주로 정치인들이 갖가지 이력을 가져다 붙이며 자주 쓰는 전략입니다.

세 번째 현저성 효과입니다. 초두 효과와 최신 효과에서 이미 살펴봤던 것처럼 사람은 제시한 정보들을 모두 골고루 같은 주의력을 발휘해서 처리하지 않습니다. 초두 효과와 최신 효과처럼 단순히 제시하는 위치에 따라서도 주의력이 달라지지만, 애초 정보 자체의 차이에 의해서도 달라집니다. 즉 현저하게 드러나는 정보에 더 의지해서 인상을 만드는 방법입니다.

어떤 사람에 대해서 좋은 정보가 아주 많이 있습니다. 그런데 그사이에 인상적으로 나쁜 정보가 하나 있다면 어떤가요? 현저히 눈에 띄겠지요. 그러면 사람들은 좋은 정보를 바탕으로 인상을 평가하지 않고 현저하게 나쁜 정보에 의존해 평가합니다. 이것은 사람뿐만 아니라 사물에 대한 평가를 할 때도 마찬가지입니다. 어떤 쇼핑 사이트에 긍정적인 평가와 댓글이 많아도, 훨씬 소수인 부정적 댓글에 더 좌우됩니다.

그런데 그 반대로 부정적인 평가가 많은데 긍정적인 평가가 하나 있을 때는 별로 인상이 바뀌지 않습니다. 왜냐하면 진화론적 입장에서 보면 자신에게 해로울지 모를 부정적인 요소를 더 비중 있게 처리해야 생존에 유리하기 때문입니다.

자, 그러면 초두 효과와 최신 효과와 현저성 효과 가운데 가장 강력한 힘을 발휘하는 것은 무엇일까요? 바로 초두 효과입니다. 그래서 첫인상이 아주 중요하다고들 말하는 것이지요.

그런데 첫인상조차도 그냥 순백의 상태에서 만들어지는 것은 아닙니다. 이미 사람들은 저마다 선입견이 있습니다. 예를 들어 '특정 지역의 사람이 더 자신감이 있고 능력이 있다'는 선입견이 있으면 그가 어떤 행동을 하거나 성과를 보여 주기 전에 이미 첫인상을 결정짓습니다. 집안 배경이 좋다고 하면 그의 성품이 안정적일 것이라 생각하기도 합니다. 이렇게 그 사람 자체가 아니라 그 사람 주변 요소에 더 영향을 받는 것을 '후광 효과'라고 합니다.

큰 사회든 작은 집단이든 우리 인간은 사회적 동물로서 인간관계를 맺고 살아갑니다. 그 인간관계를 통해 갈등을 줄이고 행복을 더 만들기 위해서는 상대방을 오해하거나 왜곡하지 않고 있는 그대로 보려고 노력해야 합니다. 누군가를 평가할 때는 자신의 평가가 선입견과 후광 효과에 너무 영향을 받은 것은 아닌지, 모든 정보를 골고루 잘 처리했는지 스스로 더 살펴보려고 노력해 보세요.

친구 따라 강남 간다고?

청소년기 이전에는 사회적 관계 가운데서도 가족에게 영향을 가장 많이 받습니다. 하지만 청소년기가 되면 자아정체성이 새롭게 발달하면서 가족이 아닌 또래 집단과의 상호작용이 점점 중요해집니다. 같은 문화를 공유하는 또래 집단은 급격하게 마음이 변하는 청소년들에게 큰 동질감과 안정감을 느끼게 해 줍니다.

청소년기에 건전한 또래 집단과의 상호 작용은 매우 중요합니다. 앞서 살펴봤던 동조 효과, 복종, 집단 사고 등의 영향 때문입니다. 만약 외롭기 때문에, 또는 재미있어 보인다는 이유로 부정적인 또래 집단에 들어가면 자기도 모르게 그 또래 집단 성격에 따라 자아정체성이 바뀌기 쉽습니다.

다른 친구들의 행동과 태도를 모방할 뿐만 아니라, 집단에서 더 인정을 받으려고 과장된 행동을 해서 예전의 자신이라면 하지 않았을지도 모르는 일에 휘말려들 수도 있습니다. 이런 위험한 상황에 휘말리지 않으려면 '또래'라는 단어보다는 그 앞에 붙는 수식어인 '좋은'이라는 표현에 더 주목해야 합니다.

어떻게든 외톨이가 되지 않고 또래와 함께 어울리려 학교폭력, 따돌림에라도 참여하는 학생은 점점 극단적인 행동을 하게 됩니다. 그러다가 가해자에서 피해자가 되기도 합니다. 나쁜 또래 집단에서는 진정한 친구 관계가 아니라, 서로 희생자가 되지 않고 힘을 더 가지려는 생존 게임 참여자 집합에 더 가까우니까요. 나중에 처벌을 받을 때 다른 청소년 때문에 자신이 문제를 일으킨 것이라며 원인을 다른 친구에게 돌리는 경우도 있지만, 엄연히 그런 또래 집단을 선택한 책임은 본인에게 있습니다.

반대로 좋은 또래 집단에서는 서로 경쟁도 하고 협동도 하고 문제를 해결하기도 하면서 앞으로의 사회생활에 필요한 기술을 익히기도 합니다. 그 과정에서 우정을 나누며 서로 의지하게 됩니다. 서로를 배려하는 책임과 함께 그 결실도 나눠 갖습니다.

좋은 또래 집단과 나쁜 또래 집단은 객관적으로 확인할 수 있습니다. 선생님, 가족, 믿을 만한 예전 친구들에게 지금 속하고 싶은 집단에 대해 말해 보세요. 그들의 의견이 전적으로 맞지 않을 수도 있지만, 적어도 무비판적으로 나쁜 또래 집단에 들어가서 문제를 일으키는 불상사는 어느 정도 막을 수 있습니다.

행복

결정적 질문 **7**

어떻게 하면

더 즐겁게 살 수 있을까?

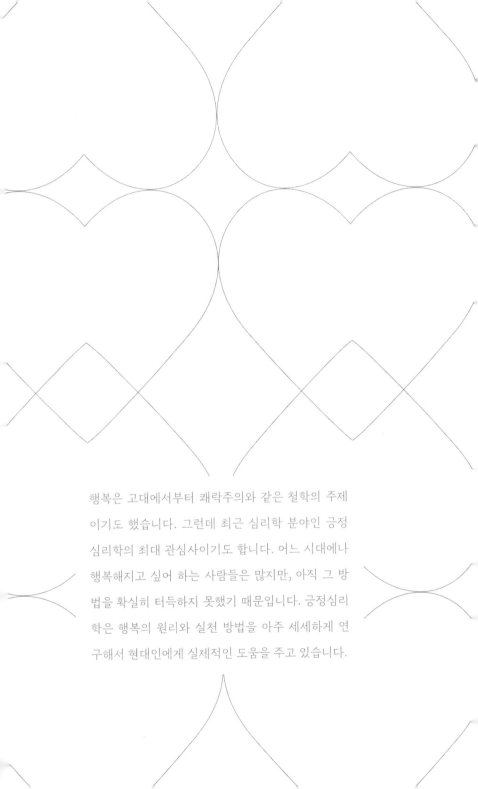

행복은 고대에서부터 쾌락주의와 같은 철학의 주제
이기도 했습니다. 그런데 최근 심리학 분야인 긍정
심리학의 최대 관심사이기도 합니다. 어느 시대에나
행복해지고 싶어 하는 사람들은 많지만, 아직 그 방
법을 확실히 터득하지 못했기 때문입니다. 긍정심리
학은 행복의 원리와 실천 방법을 아주 세세하게 연
구해서 현대인에게 실제적인 도움을 주고 있습니다.

긍정심리학이 등장한 배경

서기 2000년 즈음, 심리학자들은 새로운 밀레니엄 분위기를 타고 지난 연구를 정리하며 미래의 연구 방향을 어떻게 잡을 것인지 심도 있게 논의했습니다. 그 결과 기존의 심리학이 인간의 수동성, 사악한 무리에 대한 복종, 마음의 병 등 부정적인 면을 더 많이 다뤘다는 점을 반성하게 되었습니다. 그리고 새로운 시대의 심리학은 인간의 긍정적 잠재력을 높이고, 삶의 질과 행복을 더 높게 만들 수 있는 연구를 더 많이 해야 한다고 의견을 모았습니다. 과거에도 칼 로저스 같은 인본주의 심리학자들이 시도했던 것을 더 과학적으로 연구해서 발전시키기로 했습니다. 그래서 나온 것이 바로 긍정심리학입니다.

심리학자들은 인간을 행복하게 만드는 조건을 활발히 연구하기 시작했습니다. 대표적인 학자로는 마틴 셀리그먼이 있습니다. 재미있는 것은 셀리그먼 자신도 과거에는 부정적인 주제를 연구했다는 점입니다. 과거 셀리그먼의 대표적인 연구 주제는 바로 학습된 무기력 learned helplessness 입니다.

무기력은 그저 힘이 없는 상태로 생각하기 쉽습니다. 하지만 셀리그먼의 연구에 따르면 무기력은 학습된 결과입니다. 셀리그먼은 무기력의 특성을 알아보기 위해 다음과 같이 실험했습니다. 일단 개 스물네 마리를 세 집단으로 나누었습니다. 첫 번째 집단의 개들은 코로 스위치를 누르면 전기충격을 스스로 멈출 수 있게 했습니다. 두 번째 집단은 스스로 전기충격을 통제할 수는 없으나 첫 번째 집단의 개가 스위치를 누르면 동시에 충격이 사라지게 했습니다. 세 번째 집단은 비교 집단으로, 같은 곳에 있지만 충격을 전혀 받지 않는 조건이었습니다.

24시간이 지난 후에 연구자는 칸막이로 나뉜 작은 방에 개들을 넣고 전기충격을 가했습니다. 칸막이는 쉽게 넘을 수 있는 높이였고 전기충격이 없는 옆 칸으로 갈 수 있었습니다. 칸막이만 넘으면 전기충격을 피할 수 있었지만 두 번째 집단의 개들은 제자리에 있었습니다. 마치 뭘 해도 소용없다는 식으로 웅크리고 있을 뿐이었습니다. 첫 번째 집단 개들과 세 번째 집단 개들만 칸막이를 넘었습니다. 나중에 연구자들은 두 번째 집단의 개를 억지로 끌거나 먹이로 유인해 보았지만, 개들은 움직이려 하지 않고 전기충격을 그대로 받고 있었습니다. 셀리그먼은 이러한 실험 결과를 놓고 두 번째 집단의 개들이 사전 경험에서 무력감을 학습했기 때문이라고 해석했습니다.

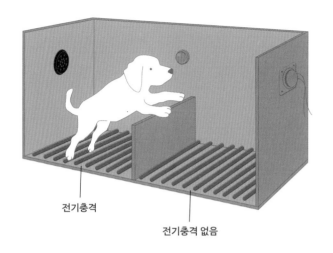

전기충격

전기충격 없음

셀리그먼의 학습된 무기력 실험. 낮은 칸막이로 막은 작은 실험실에 개를 집어넣었습니다. 낮은 칸막이를 넘으면 전기충격을 받지 않을 수 있었으나, 전기충격을 스스로 끌 수는 없는 조건에 있던 개들은 무기력하게 충격을 받고만 있었습니다.

셀리그먼은 개를 대상으로 한 실험 결과가 인간에게도 적용될 수 있는지 살펴봤습니다. 이번에서 실험 참가자를 세 집단으로 나눴습니다. 첫 번째 집단은 실험 과정에서 귀에 거슬리는 소음을 듣게 됐을 때, 책상 위의 버튼을 누르는 것을 통해 소음을 중단시킬 수 있었습니다. 두 번째 집단은 소음을 듣게 됐을 때, 아무리 버튼을 조작하더라도 결코 소음을 중단할 수 없었습니다. 세 번째 집단에게는 소음을 전혀 들려 주지 않았습니다.

다음 만남에서 연구자는 세 집단 모두를 실험실로 데리고 갔습니다. 그리고 소음이 들려올 때 소음을 중단시키려면 버튼을 누르라고 알려 줬습니다. 연구자가 명확히 지시했으니 모든 집단이 다 버튼을 눌렀을 것 같지요? 물론 첫 번째 집단과 세 번째 집단은 그랬습니다. 하지만 두 번째 집단의 피험자 가운데 약 3분의 2 정도가 소음이 들려도 아무런 행동도 하지 않았습니다. 이러한 결과를 통해 셀리그먼은 학습된 무력감이 인간에게도 적용할 수 있는 이론이라는 점을 확인했습니다.

그런데 셀리그먼은 긍정심리학을 연구하면서 이 연구 결과를 다르게 해석했습니다. 두 번째 집단의 3분의 2가 무력감을 학습한 반면에 3분의 1은 그렇지 않았다는 사실을 통해 학습된 무력감에 빠지는 사람들이 있지만 동시에 그 어떠한 상황에서도 좌절하지 않는 낙관적인 사람들도 존재한다는 점을 발견한 것입니다. 그 결과 **학습된 낙관주의**를 새롭게 연구하기 시작했습니다. 그리고 이런 새로운 관점은 새로 태어난 긍정심리학의 핵심이 되었습니다. 1996년 마틴 셀리그먼은 미국 심리학회 회장이 되었을 때 자신의 연구를 소개하면서 긍정심리학을 앞으로 심리학이 나아가야 할 방향이라고 제시했습니다.

학습된 낙관주의

셀리그먼은 하버드대학교의 머레이센터 참가자들을 대상으로 낙관성이 건강에 미치는 영향에 대해 연구했습니다.

하버드 대학생 가운데서도 특히 신체적으로나 정신적으로 건강한 268명을 선발해 대학 졸업 후의 삶을 60년 이상 추적 조사한 결과, 예상대로 참가자들은 정계, 법조계, 경제계, 학계, 언론계 등 사회 거의 대부분 영역에서 각자 뛰어난 재능을 발휘했습니다. 외형적인 삶은 훌륭했다는 뜻입니다. 하지만 모두 긍정적인 삶을 산 것은 아니었습니다. 약 30퍼센트가 삶에서 좌절을 겪는 것으로 나타났습니다. 그 변수 가운데 하나가 바로 낙관성이었습니다.

청소년기에 하버드대학교에 입학할 정도로 성적도 뛰어났고, 대학에서 학점도 높았으며, 건강하다는 조건이 모두 비슷했음을 잊지 마세요. 하지만 그들은 중년 이후부터 차이가 나기 시작했습니다. 낙관적인 사람은 계속 놀라운 성취를 보이면서도 건강했지만, 비관적인 사람들은 병에 시달렸습니다. 노년이 되어서도 낙관적인 사람들은 건강했고 대외 활동도 활발하게 했지만, 비관적인 사람들은 심각한 병에 걸리거나 활동을 거의 하지 않았습니다.

이 연구를 통해 청소년기부터 청년기에 열심히 준비해야 하는 것은 단지 명문대에 입학할 수 있는 성적만이 아님이 증명되었습니다. 셀리그먼은 평생 행복하고 건강하게 살 수 있도록 낙관성을 익히고 실행해야 한다고 강조했습니다.

낙관주의는 자신에게 주어진 상황을 긍정적으로 보는 태도입니다. 그런데 긍정이 마냥 다 좋다고 생각하는 것이 아닙니다. 현실이 부정적인데도 근거도 없이 그냥 긍정적이라고 생각하는 것은 현실 부정입니다. 예를 들어 체력이 완전히 떨어졌고 건강하지 않은데도 자기가 건강하다고 생각해서 무리하게 움직이면 몸도 다치고 낙담하게 되어 행복한 삶은커녕 문제를 더 키우게 될 테니까요.

있는 것은 있다고 긍정하고, 없는 것은 없다고 긍정하는 것이 바로 긍정심리학에서 말하는 긍정적 낙관주의입니다. 그래서 일이 잘 풀릴 것이라고 믿기 위해서는 합리적인 근거를 갖추는 것이 중요합니다. 막연히 잘될 거라고 생각하다가 현실에서 일이 잘되지 않으면 긍정적인 마음은 깨지고 불행해질 수 있습니다. 그래서 긍정심리학에서는 근거를 갖추고 생각하는 것을 중요시합니다.

우울증에 걸리는 까닭도 자신에게는 불행한 일로 가득하다는 믿음 때문인 경우가 많습니다. 그래서 긍정심리학에서는 사람들에게 불행하지 않은 근거를 찾도록 합니다. 대표적인 것이 '감사일기 쓰기'입니다. 하루에 세 개씩 겹치지 않

긍정심리학에서는 합리적인 근거를 갖추고 낙관하는 것을 중요하게 여깁니다. 근거 없이 마냥 긍정적으로 생각하면 현실 부정이라고 말합니다.

게 감사할 일을 찾는 것이 핵심입니다.

여러분은 글자를 알기 때문에 이 책을 읽을 수 있으니 감사할 일입니다. 세상에는 글을 모르는 사람도 있으니까요. 또 사랑하는 가족과 친구가 있고 학교에 갈 수 있는 것도 감사할 일이고요. 따뜻한 집에서 잠을 잘 수 있는 것도 감사할 일입니다. 이런 식으로 중복되지 않게 감사할 일을 매일 찾습니다. 그렇게 한 달을 보내면 약 감사할 일 90여 개로 일기장을 채울 수 있습니다. 감사할 것들로 가득 찬 일기장을 눈으로 확인하면 "내 인생은 불행한 일로 가득하다"라는 믿음에서 벗어날 수 있습니다.

긍정심리학에서 말하는 낙관성은 타고난 낙천성과는 다릅니다. 긍정심리학은 경험을 통해 낙관성을 학습할 수 있다고 봅니다. 셀리그먼은 낙관성을 세 가지 차원으로 분류했습니다. 그 세 가지 차원은 지속성, 확산성, 개인화입니다.

첫 번째, 지속성은 좋은 일 또는 부정적인 사건이 일상생활 속에서 반복해서 일어날 수 있도록 사건을 해석하고 믿으며 또 그러한 판단에 기초해서 행동하는 것을 말합니다. 불행한 사람은 어떤 부정적 사건이 벌어지면 그런 일이 계속 반복된다고 생각합니다. 예를 들어 누군가에게 지적을 받으면 "난 늘 이렇게 혼나는 사람이야"라고 생각합니다. 혹시라도 누군가에게 칭찬을 받으면 "이번뿐이겠지"라며 예외적인 것처럼 반응합니다.

반대로 낙관적인 사람은 긍정적인 일이 계속 반복된다고 생각합니다. 누군가에게 칭찬을 받으면 "난 늘 이렇게 칭찬받는 사람이야"라고 생각합니다. 낙관적인 사람은 누군가에게 지적받아도 "아, 오늘은 내가 실수해서 예외적으로 그런 거야"라고 생각합니다.

누구나 살면서 좋은 일과 나쁜 일 모두 겪을 수 있습니다. 단지 낙관적인 사람은 나쁜 일을 경험할 때 그것이 예외적이거나 오래 이어지지 않는다고 믿고, 긍정적인 일이 생겼을 때 그 일이 반복되고 오래 이어진다고 믿어서 긍정적인 태도를 잃지 않는 것이랍니다. 그러니 낙관성을 키워 행복한 사람이 되려면 좋은 일은 반복되거나 계속된다고 믿어보세요. 그냥 믿는 게 아니라, 실제로 반복해서 경험한 좋은 일을 찾아보세요. 비관적인 사람처럼 굳이 나쁜 일이 얼마나 반복되었는지는 생각하지 마세요.

두 번째, 확산성은 좋은 일 또는 부정적인 사건들이 일상생활의 다른 영역들에도 더 넓게 영향을 미칠 수 있다고 믿는 것입니다. 예를 들어 부정적인 사건에 대해 확산성 수준이 높은 사람은 학교에서 누군가와 다투면 "이제 학교생활은 완전 다 망했네"라고 생각합니다. 확산성 수준이 낮은 사람이라면 그저 특정 인물과 사이가 틀어졌을 뿐이지 다른 사람들과의 관계는 괜찮고, 수업에도 별 영향이 없다고 생각할 텐데 말입니다. 부정적 사건의 확산성에 대한 믿음이 높으면 어차피 노력해도 결과를 바꿀 수 없다고 생각합니다. 그래서 더 잘하기 위해 애쓰지 않습니다. 결국 실제로도 학교생활을 망치게 되고, 자신의 믿음이 맞다고 생각해서 그 믿음을 더 강화시키는 악순환에 빠집니다.

반대로 긍정적인 사건에 대해 확산성 수준이 높은 사람은 어떨까요? 예를 들어 수행 과제에서 좋은 점수를 받으면

"나는 역시 무슨 일을 하든 좋은 성과를 내"라고 생각합니다. 하지만 긍정적 사건에 대해서 확산성이 낮은 사람은 "이번 과제는 분석력만 있어도 충분했기 때문에 잘해 낸 거야"라는 식으로 영향력의 범위를 굳이 애써 줄입니다.

정리하자면, 긍정적 사건에 대한 확산성이 높고 부정적 사건에 대한 확산성이 낮아야 낙관성을 키울 수 있습니다. 현재 벌어지는 일부터 확산성을 생각하면서 행동해 보세요. 삶이 더 긍정적으로 변할 것입니다.

세 번째, 개인화는 좋은 일 또는 부정적인 사건에 자신에게 얼마만큼 책임이 있다고 믿고 있느냐의 문제입니다. 개인화 수준이 높은 사람은 부정적인 사건이 자신의 잘못 때문에 일어났다고 생각합니다. 예를 들어 극장에 가서 본 영화가 수업이 재미 없으면 "내가 영화 잘 고르는 눈이 없어"라며 자신을 탓합니다. 한편 개인화 수준이 낮은 사람은 "영화를 잘못 만들었네. 과대광고를 해서 재미있는 척했군"이라며 다른 사람 책임으로 돌립니다.

긍정적인 사건에 대해 개인화 수준이 높으면 어떨까요? 친구에게 선물을 받는 긍정적인 사건에 대해 개인화 수준이 낮은 사람은 "오늘 무슨 좋은 일이 있었나 봐"라고 반응합니다. 반면에 개인화 수준이 높은 사람은 "내가 잘해 주니

선물로 보답하네"라는 식으로 반응합니다. 긍정적 사건의 책임이 외부에 있는 게 아니라 자신에게 있는 것으로 믿으면서 낙관성을 지킵니다. 긍정심리학에서는 낙관성을 높이는 방법으로 ABCDE 모델을 제시합니다.

ABCDE 모델

ABCDE는 나쁜 일(Adversity), 신념(Belief), 결과(Consequences), 반박(Disputation), 활력(Energization)을 뜻하는 영어 단어의 앞 글자를 따온 말입니다. 이 모델에 따르면 사람들은 부정적인 사건(A)이 일어나면 자동으로 부정적인 믿음에 바탕을 둔 생각(B)을 시작하고 그 결과로서 부정적인 감정(C)을 경험합니다.

여기까지는 심지어 낙관적인 사람도 경험하는 과정입니다. 단, 비관적인 사람들은 ABC까지만 진행하고 멈춰 버립니다. 반면 낙관적인 사람들은 D단계와 E단계까지 나아가고요. 즉 부정적인 감정을 반박하고 새로운 활력을 만들고 행동해서 결과를 바꾸는 것입니다.

반박 과정과 활력 과정을 실행할 때 가장 도움이 되는 것이 바로 지속성, 확산성, 개인화의 원리입니다. 나쁜 일은 계속 지속하지 않을 것이고, 그 영향력은 크게 확산되지 않을 테고, 그 책임도 전적으로 자기에게만 있지는 않다고 반박할 때 C단계의 부정적인 감정을 반복하는 대신에 새로운 활력(E)을 얻을 수 있습니다.

낙관성이 행복의 유일한 조건은 아닙니다. 심리학에서 찾아낸 다른 행복의 조건은 무엇일까요? 학생들은 흔히 성적이 좋게 나오거나, 원하는 대학에 합격하거나, 친구들에게 인기가 있거나, 외모가 빼어나거나, 집안의 경제적 배경이 좋다면 행복할 것이라 말합니다. 정말 그럴까요?

심리학 연구 결과에 따르면 나이, 성별, 교육 수준, 지능은 장기적으로 행복에 큰 영향을 미치지 못합니다. 외모도 객관적인 매력도보다는 주관적으로 자신을 얼마나 매력적이라고 생각하는지가 더 중요하다고 나타났습니다. 결국 심리적인 요인이 더 중요합니다. 이제부터 본격적으로 심리학자들이 말하는 행복을 위한 다양한 조건을 살펴보겠습니다.

첫 번째 조건은 이타적 행동입니다. 자기가 행복하려면 남을 도와야 한다니 앞뒤가 맞지 않는 것 같지요? 하지만 인간의 마음은 오묘해서 이기적으로 행동할 때보다 이타적으로 행동할 때 행복을 느낍니다. 여러분도 남이 시켜서 억지로 봉사하거나 돈을 기부했을 때보다 순수한 마음으로 좋은 일을 했을 때 행복하다고 느낀 적이 있을 것입니다.

이타적으로 행동하면 좋은 기분을 만드는 도파민, 엔돌핀

같은 좋은 호르몬이 많이 나와 면역력이 높아져 더 건강해집니다. 그래서 행복하게 장수할 수 있습니다.

그렇다고 해서 이 이론에 논란이 없는 것은 아닙니다. 건강하고 행복해서 이타적인 행동을 하는 것인지, 이타적인 행동을 해서 건강하고 행복한 것인지 순서에 대해서는 이견이 있습니다. 효과가 있다는 것은 확실하지만요. 다만 신체적으로 건강하지 않은 사람도 이타적인 행동을 하며 행복을 더 누리는 경우가 있고, 객관적으로는 불행한 사람인데도 남을 도우면서 행복을 되찾는 사람이 있는 것을 보면 이타적 행동이 더 먼저가 아닐까 하는 견해가 더 타당하다는 주장이 우세하답니다.

두 번째 조건은 소득 수준입니다. 역시 돈이 행복을 좌우하는 결정적 요인이라고 생각하기 쉽지만, 꼭 그런 것만은 아닙니다. 돈으로 확보할 수 있는 행복에도 한계가 있습니다. 미국의 퍼듀대학교 연구팀이 164개국에서 179만 명을 조사한 결과, 삶에 대한 만족도에 대한 점수는 1인당 연 소득이 약 9만 5,000달러(약 1억 1,000만 원)일 때 최고였으며 높은 긍정적 정서에 대한 점수는 1인당 연 소득이 약 6만 달러(약 7,000만 원)일 때로 최고로 나타났습니다. 즉 소득이 약 9만 5,000달러에 달할 때까지는 소득 증가에 따라 삶의 만족도가 높아지지만, 그 이후에는 상승세가 꺾입니다. 돈으로 느낄 수 있는 긍정적 정서도 연소득이 약 6만 달러가 되었을 때부터 상승세가 꺾입니다. 그 말은 소득 수준이 그 이상일 때는 돈이 아닌 다른 요소가 삶의 행복을 더 많이 좌우한다는 뜻입니다. 하지만 부자는 돈이 많아도 더 많이 돈을 벌고 싶어 하니 더 행복해지기가 힘들지요. 일정 소득 이상이 되면 이타적 행동도 하고, 돈이 아닌 인간관계에 더 많이 신경 써야 더 행복할 수 있습니다. 물론 돈을 많이 벌지 않은 상태에서도 이타적 행동과 인간관계는 아주 중요한 역할을 합니다.

돈이 많아도 가족 관계가 나쁘면 행복할 수 없습니다. 돈이 많아도 친구가 없으면 외롭습니다. 물건을 계속 사들인다 해도 더 비싼 물건을 사는 사람들과 비교되어 그 만족감은 오래가지 않습니다. 그런데 이타적인 행동을 하는 태도와 좋은 인간관계는 짧은 시간에 얻을 수 있는 것이 아닙니다. 인생을 길게 봤을 때 돈만이 아닌 다른 요소도 반드시 인생 계획에 넣어야 하는 이유가 이 때문입니다.

세 번째 조건은 성격입니다. 성격 가운데서도 외향성과 정서적 안정성이 큰 역할을 합니다. 외향적인 사람일수록, 그리고 정서적으로 안정되어 덜 예민한 사람일수록 더 행복감을 느낍니다. 이 두 요인 가운데에서는 정서적 안정성이 더 큰 역할을 합니다. 질풍노도의 시기인 청소년기에는 본래보다 민감해지니 스스로 감정 관리를 하면서 부정적인 정서를 잘 달래도록 노력해야 합니다.

내향적인 사람이라고 해도 다른 사람들과 같이 시간을 보내는 것이 좋습니다. 조용히 혼자 몸과 마음을 재충전하는 시간을 가지는 것도 좋지만 다른 사람과 정서적으로 교류하며 활발히 활동하는 시간도 잘 보내야 더 행복할 수 있습니다.

네 번째 조건은 사회적 문화입니다. 개인적으로 제아무리 낙관적이라 해도 주변 환경이 암울하면 행복하기 힘듭니다. 사회가 구성원들의 행복을 건강하게 지지해 줄 수 있게 정치에도 관심을 두고, 이웃에게도 관심을 가져야 합니다. 내가 힘들 때 사회가 나를 돕겠구나 하는 믿음이 있다면 덜 불안하겠지요.

경제적으로 부유해도 부자와 가난한 사람의 격차가 너무 크면 사회적인 분위기가 안정될 수 없습니다. 권위적인 사회는 창의성을 짓밟기 때문에 답답해서 행복하기 힘듭니다. 부정부패가 심해도 스트레스를 받아서 행복하기 힘듭니다. 치안이 좋지 않아도 불행한 일을 당할 확률이 높습니다. 그러니 행복하려면 건전한 사회문화를 만드는 일에 관심을 기울이고 행동해야 합니다.

　경제개발협력기구^{OECD}가 매년 조사하는 국가 행복도에서 1위를 자주 차지하는 덴마크 같은 나라는 소득 수준은 1등이 아니지만 매우 높은 수준의 행복 지수를 유지하고 있습니다. 그 이유는 권위적이지 않은 사회 문화, 부정부패가 뿌리 깊게 박힐 수 없는 시스템, 건강한 언론, 가난한 사람을 도와주는 복지 시스템 등이 잘 갖춰져 있기 때문입니다.

　다섯 번째 조건은 친밀한 인간관계입니다. 앞서 소개한 1938년 하버드대학교 재학생 268명을 대상으로 한 연구에서도 행복하고 성공적인 삶에 있어서 친밀한 인간관계가 가장 중요한 요소로 나타났습니다. 낙관성도 친밀한 인간관계를 위해 도움이 됩니다. 여러분도 비관적으로 생각하고 흥을 보거나 불행하다고 매번 호소하는 친구와 낙관적으로 생각하고 칭찬하고 행복을 나눠 주는 친구 가운데 누구와 함께하고 싶은지 생각해 보세요. 친밀한 인간관계를 오래 이어가고 싶다면 낙관성을 더 키우려 노력해야 합니다.

　그렇지만 인간관계는 개인적인 낙관성만으로 해결되지는 않습니다. 상대방을 향한 관심과 배려가 필요합니다. 상대방이 무엇을 좋아하는지, 어떤 부분을 힘들어하는지를 살펴서 이타적 행동을 하면 좋은 인간관계는 따라오게 되어 있습니다.

행복한 생각이나 감정을 끌어내는 방법들

심리학 연구를 통해 행복을 더 키울 수 있는 검증된 실천 방법들이 있습니다.

첫 번째, 상대의 잘못에 대해 비판은 하되 개인적으로 복수는 하지 않는 것입니다. 상대가 죄를 지었다면 사회적으로 처벌받도록 해야 합니다. 개인적으로 복수하면 자신도 범죄를 저지르게 되어 결국 불행해집니다. 그리고 무엇보다 상대를 용서하려고 노력해야 합니다. 상대가 잘못한 것이 없어서 용서한다기보다는 상대의 잘못을 되새기면 내 삶에 나쁜 영향을 계속 받기에 관계를 정리한다는 의미가 더 큽니다. 용서했다고 해서 함께 꼭 잘 지내려 할 필요는 없습니다. 더는 내 삶에 그 사람이 부정적인 영향력을 미치지 않도록 하는 것이 더 중요합니다.

두 번째, 현재 나에게 기쁨이나 즐거움을 주는 요소에 집중하기입니다. 기억은 왜곡되므로 과거의 일을 정확하게 있는 그대로 생각하기 힘듭니다. 미래 역시 아직 오지 않은 일이기에 불확실합니다. 하지만 현재는 확실합니다. 확실하게 나에게 기쁨을 줄 수 있는 일에 집중하면 행복한 시간을 더 많이 보낼 수 있습니다. 단, 그 행복이 앞으로도 도움이 될지는 생각해 봐야 합니다. 오늘만 행복한 것이 아니라 내일도 행복할 수 있는 일인가를 따져 봐야 하는 것입니다. 아주 먼 미래는 불확실하지만 아주 가까운 미래는 그래도 확실하니까요.

약 한 달이나 두 달 정도 뒤에도 지금 하는 일로 인해 행복할 수 있다면 계속 그 일을 하는 편이 좋습니다. 하지만 그 선택으로 더 불행해질 수 있는 문제가 일어날 가능성이 있다면 다른 선택을 해야 합니다. 예를 들어 게임을 하면 오늘 당장은 행복하지만 한 달이나 두 달 뒤에 문제를 일으킬 수 있으니 문제를 일으키지 않을 수준으로 스스로 일정 시간 이하로 하려고 애써야 행복할 수 있습니다.

세 번째, 나에게 그 자체로 즐겁고 의미 있는 목표를 세우고 이를 이루기 위해 노력하기입니다. 학습된 무기력 실험에서 스스로 전기충격을 멈출 수 있는 버튼을 눌렀던 경험이 있는 사람이 다른 상황에서도 부정적인 일에 잘 대응했던 것을 떠올려 보세요. 작은 목표라고 해도 성공의 경험을 쌓으면 부정적인 일에도 잘 대응하고, 더 긍정적인 일을 잘 실행할 힘을 얻게 됩니다.

자신에게 즐거운 일을 찾아보세요. 그리고 그 일과 관련된 목표를 세워 보세요. 너무 높게 말고 두 달 안에 성취할 수 있는 목표 말입니다. 그러면 더 집중도 잘 되고 성과도 빨리 확인할 수 있어서 더 의미 있고 재미있는 시간을 보내게 될 것입니다.

성공해서 행복한 것일까, 행복해서 성공하는 것일까?

미국 심리학자 에드 디너 연구팀은 2002년부터 2019년까지 진행한 연구 결과를 발표했습니다. 디너는 대학 입학 시점에 얼마나 쾌활했는지 그 정도에 따라 성인이 된 후의 수입이 달라진다고 주장했습니다. 즉 대학 신입생 시절에 자신이 쾌활했다고 말하는 사람일수록 서른아홉 살이 되었을 때 더 많은 소득을 올리고 있다는 것이었습니다. 돈을 많이 벌게 되어 서른아홉에 즐겁다고 말한 것이 아닙니다.

오스트레일리아에서 청소년들을 대상으로 15년간 진행한 연구에서도 비슷한 결과가 나왔습니다. 즉 자신이 행복하다고 말하는 학생일수록 성인이 된 후 더 높은 취업률과 소득 수준을 보였습니다. 한국에서 이루어진 한 연구에서도 고등학교 2학년 때 자신의 삶에 만족했던 학생들이 고등학교 3학년에 더 좋은 성적을 거뒀습니다.

좋은 일이 있으면 당연히 행복하리라 생각하기 쉽습니다. 심리학은 좀 다르게 이야기합니다. 행복하게 지내면 좋은 일이 있을 것이라고 주장하지요. 지금 불행해도 이를 악물고 어떻게든 버텨 성공해서 나중에 행복하자는 태도로는 오래 버티지 못합니다. 성공해도 제대로 행복을 누릴 힘이 없으니까요. 행복을 누리는 습관이 없으니 또 더 높은 목표를 세우고 또 자신을 몰아세웁니다. 그러다 일이 잘 풀리지 않으면 세상을 미워하고, 남을 탓합니다. 그렇게 결국 불행해집니다.

행복은 습관입니다. 습관은 노력하면 체득할 수 있습니다. 성공하기 위해서라도 스스로 행복해지려고 노력해 보세요. 앞에서 소개한 다양한 방법을 모두 한 번에 실행하려 할 필요도 없습니다. 자신과 가장 맞는 것, 가장 실행하기 쉬운 것부터 시작해 보세요. 그것만으로도 충분히 긍정적인 결과를 만들어 낼 수 있습니다.

누구나 살면서 긍정적인 일을 한 번이라도 경험하게 됩니다. 그것을 기회로 삼아도 됩니다. 그 일이 예외가 아니라,

나에게 계속 반복될 수 있다고 믿고 그 증거를 찾아보세요. 실제로 비슷한 일이 또 벌어졌을 때 더 큰 힘을 얻을 수 있습니다.

인생은 한 방이라는 말에 흔들리지 마세요. 자신이 원하는 것을 얻는다 해도 그 기쁨은 오래가지 않습니다. 사람은 곧 익숙해지기 때문입니다. 디너는 실험 참가자들이 하루에 얼마나 자주 긍정적인 정서를 느꼈는지, 그리고 긍정 정서를 얼마나 강하게 느꼈는지를 조사해 행복에 각각 어떤 영향을 주는지 살폈습니다. 그 결과 긍정적인 정서를 자주 느끼는 사람일수록 더 행복하지만, 긍정적인 정서를 얼마나 강렬하게 느끼는지는 행복과 관련이 거의 없다고 나타났습니다.

오랫동안 꿈꿨던 가수 콘서트에 가면 당연히 기분이 좋습니다. 그렇지만 몇 달이든 몇 년이든 일상을 오래 좌우할 만큼은 아닙니다. 콘서트에 다녀온 며칠 뒤 사소한 문제로 친구와 다투면 바로 기분이 안 좋은 채로 며칠을 보내게 되는 것이 인간입니다. 콘서트에는 안 다녀왔더라도 친구와 잘 지내며 평범하게 일상을 보낸 사람이 차라리 더 행복합니다.

여러분의 미래를 바꾸고 싶다면, 현재의 일상을 바꾸려 하세요. 소소한 행복으로 채우려 노력해 보세요. 그러면 현재도 행복하고 미래에도 행복한 삶을 만들 수 있을 것입니다.

행복은 마치 전염되는 것 같은 '감정 전이'의 특성이 있습니다. 사회적 네트워크 연구에 따르면 자신과 직접 연결되어 있는 사람이 행복할 때 내가 행복할 확률은 15퍼센트 증가합니다. 자신과 2단계 거리에 있는 사람, 즉 친구의 친구가 행복할 때는 내가 행복할 확률이 10퍼센트 증가합니다. 친밀한 인간관계를 가지면 다른 사람의 행복으로 자신도 더 행복하기 쉽겠죠?

강점 발견으로 행복을 어떻게 만들 수 있을까?

자신을 긍정적으로 바라보고 긍정적인 태도를 유지하려면 자기 강점을 정확히 발견해야 합니다. 막연히 잘 될 거야 하고 믿는 것은 낙관이 아니라 망상입니다. 자신의 강점이 있으니 그 강점을 잘 발휘하면 잘 될 거야 하는 믿음이 있어야 진정으로 낙관할 수 있습니다.

누구에게나 강점과 약점이 있습니다. 약점을 보완하기보다는 일단은 강점을 더 많이 발전시키고 사회적으로 표현하려고 노력할 때 사람은 행복합니다. 인간은 완벽하지 않아도 행복할 수 있습니다. 행복한 사람들이라고 해서 약점이 없는 완벽한 사람들이 아니라는 점을 기억하세요. 또 그들에게 어떤 강점이 있고 그 강점을 어떻게 발전시켜 행복해졌는지, 어떻게 성공했는지를 분석해 보세요. 위인전이나 뉴스 기사를 보면 도움이 될 것입니다.

긍정심리학에서는 사람들에게 도움을 주려고 강점 검사를 고안했습니다. 특정 강점이 다른 강점보다 더 좋다고 말하지 않습니다. 저마다 강점은 가치가 있습니다. 긍정심리학자들은 전 세계 다양한 문화권에서 공통적으로 인정받는 강점을 찾았습니다. 그 강점은 다음과 같습니다.

- 호기심
- 호연지기와 용감함
- 신명, 열정, 열광
- 지능, 정서 지능
- 감상력
- 희망, 낙관주의, 미래 지향성
- 학구열 친절과 아량
- 통찰력
- 지도력

- 인내심
- 지조, 진실, 정직
- 사회성 지능, 대인 관계
- 용기
- 감사
- 명랑함과 유머 감각
- 창의성
- 공정성과 평등 정신
- 자기 통제력

- 용서와 연민
- 겸손과 겸양
- 열린 마음
- 정의감
- 사랑하는 능력
- 영성, 목적 의식

- 사리 분별, 신중함, 조심성
- 시민 정신, 의무감
- 인간애
- 지혜
- 사랑받을 줄 아는 능력
- 신념, 신앙심

자신의 대표적인 강점이 무엇인지 알아보고 싶다면 셀리그먼 교수가 운영하는 사이트에 접속해 성격 강점의 행동 가치(VIA: Values-In-Action) 검사를 무료로 받아보세요. www.authentichappiness.org 사이트에 방문하거나 '성격 강점의 행동 가치' 또는 긍정심리학 강점 검사 등을 찾아보세요. 24개의 성격 강점 가운데 9점이나 10점을 받은 강점이 자신의 대표 강점입니다. 셀리그먼은 한두 가지 강점이 자신의 진정한 강점이라 말합니다. 그 강점은 다음과 같은 느낌을 줍니다.

- 진짜 나답다는 자신감이 생긴다.
- 강점을 발휘하면 기쁜 마음에 흥분된다.
- 한 번 습득하면 빠르게 발전한다.
- 새로운 방법을 익혀 꾸준히 발전하고 싶다는 생각이 든다.

- 강점을 더 잘 활용할 방법을 모색한다.
- 강점을 발휘할 때 피곤하지 않고 오히려 의욕이 샘솟는다.
- 강점을 활용할 때 황홀한 마음이 든다.

　그냥 무조건 열심히 성적을 올리는 것보다 자신의 강점을 발휘해서 공부도 하고 자신의 길을 만드는 일이 더 가슴 벅차고 행복할 것 같지 않나요? 그렇다면 강점을 어떻게 활용해 진로를 개발해야 할까요?

　조금 막연하게 느껴질 수도 있겠지만 과학 분야 강점 검사에서 '호기심'과 '학구열'이 대표 강점으로 나왔다면, 전문적으로 과학자 혹은 연구자를 진로로 택하는 것이 좋습니다. 그런데 과학에 관심은 있지만 '친절'이나 '인내'와 같은 강점을 지니고 있다면 자신처럼 과학에 관심이 있는 학생들을 꾸준히 가르칠 수 있는 과학 교사 또는 과학 관련 서비스 기획자를 진로로 고려해 볼 수도 있겠지요. 만약에 여러 강점을 활용할 직업을 잘 찾지 못하겠다면 하나의 직업을 직접 만든다는 생각으로 도전해도 좋습니다. 그 역시도 행복을 찾아가는 방법입니다. 이렇게 강점을 중심으로 진로 설계를 했는데도 가슴 벅찬 삶보다는 힘든 점이 먼저 보인다면 자신의 진정한 강점이 아니거나 자신이 그 정도로 좋아하는 분야가 아닐 수 있습니다. 그럴 때는 전문가를 통해 다른 강점을 확인받거나 멘토링을 받는 방법을 추천합니다.

강점은 진로 선택에만 도움을 주는 것이 아닙니다. 사람들은 강점이 확실한 친구를 더 좋아합니다. 그래서 강점이 있고 그것을 다른 사람에게 잘 표현하면 호감을 얻어 인간관계가 좋아집니다. 상대방에게만 좋은 것이 아닙니다. 여러분이 자신의 강점을 확실히 알면 자기 강점을 더 개발할 수 있고, 어떤 일을 할 때 여러분이 잘하지 못할 분야에서 다른 강점을 지닌 사람과 도움을 더 확실히 주고받으며 멋진 동료애를 다질 수도 있습니다.

좋은 인간관계는 행복의 필수 요소 가운데 하나라고 앞서 이야기했던 것 기억하나요? 친구와 동료뿐만 아니라 가족끼리도 서로의 강점을 발견하고 인정하고 더 발전시키려 노력해 보세요. 그러면 더 일상을 행복하게 살 수 있을 겁니다.

강점을 발휘하다 보면 일상에 순간순간 몰입해서 즐겁고, 그 결과로 기쁘고, 인간관계도 좋아지고, 충만한 삶을 산다고 느끼니 행복할 수밖에 없습니다. 진로나 인생을 설계한다고 하면 먼 미래의 목표를 설정하는 것이라 생각하기 쉽습니다. 하지만 긍정심리학자들은 지금 현재 자신의 강점을 발견하고 성장시키는 것부터 시작하면 점차 긍정적인 일들이 생길 것이라 주장합니다. 부디 다음으로 행복을 미루지 않고, 지금부터 행복한 삶을 살기를 응원합니다. 그런 행복한 삶을 살아가는 데 긍정심리학뿐만 아니라 이 책에서 살펴본 많은 심리학 지식이 도움이 되기를 간절히 바랍니다.

교과 연계

중학교

사회 1
IV. 다양한 세계, 다양한 문화
  3. 문화의 공존과 갈등

과학 3
VIII. 과학기술과 인류 문명
  1. 과학과 기술의 발달
  2. 과학과 기술의 활용

도덕 1
I. 자신과의 관계
  2. 도덕적 행동
  3. 자아 정체성
  5. 행복한 삶

III. 사회 공동체와의 관계
  1. 인간 존중
  2. 문화 다양성

도덕 2
I. 타인과의 관계
  2. 평화적 갈등 해결
  3. 폭력의 문제

II. 사회·공동체와의 관계
  1. 도덕적 시민
  2. 사회 정의

고등학교

통합사회
Ⅰ. 인간, 사회, 환경과 행복
　2. 삶의 목적으로서의 행복
　3. 행복 실현의 조건

Ⅶ. 문화와 다양성
　1. 세계의 다양한 문화

사회문화
Ⅱ. 개인과 사회 구조
　1. 개인과 사회의 관계
　2. 인간의 사회화

Ⅲ. 문화와 일상생활
　2. 현대 사회의 다양한 문화 양상

생활과 윤리
Ⅰ. 현대의 삶과 실천 윤리
　1. 현대 생활과 실천 윤리

참고 자료

결정적 질문 1
- 데이비드 데보니스, 《심리학의 역사 101》, 이규미·손강숙 옮김, 시그마프레스, 2018
- 웨이드 픽런, 《한 권의 심리학》, 박선령 옮김, 프리렉, 2016
- 제임스 마주르, 《학습심리학》, 이나경·이현주·정우경 옮김, 시그마프레스, 2018

결정적 질문 2
- 권석만, 《인간 이해를 위한 성격심리학》, 학지사, 2017
- 김민정, 《쉽게 풀어 쓴 성격심리학》, 학지사, 2020
- 데이비드 마이어스, 《마이어스의 심리학개론》, 신현정·김비아 옮김, 시그마프레스, 2022

결정적 질문 3
- 데이비드 마이어스, 《마이어스의 심리학개론》, 신현정·김비아 옮김, 시그마프레스, 2022
- 마이클 아이젠크·마크 브리스바에트, 《인지심리학의 기초》, 김태훈 외 옮김, 학지사, 2021
- 브루스 골드스타인, 《인지심리학》, 도경수·박태진·조양석 옮김, 센게이지러닝, 2016

결정적 질문 4
- 마이클 아이젠크·마크 브리스바에트, 《인지심리학의 기초》, 김태훈 외 옮김, 학지사, 2021
- 브루스 골드스타인, 《인지심리학》, 도경수·박태진·조양석 옮김, 센게이지러닝, 2016
- 이정모, 《인지심리학》, 아카넷, 2001

결정적 질문 5
- 조너선 하이트, 《바른 마음》, 왕수민 옮김. 웅진지식하우스, 2014

- 이남석, 《인지편향사전》, 옥당, 2021
- 이정모, 《인지심리학》, 아카넷, 2001

결정적 질문 6
- 로버트 치알디니·더글러스 켄릭·스티븐 뉴버그, 《사회심리학》, 김아영 옮김, 웅진
  지식하우스, 2020
- 웨이드 픽런, 《한 권의 심리학》, 박선령 옮김, 프리렉, 2016
- 한규석, 《사회심리학의 이해》, 학지사, 2017

결정적 질문 7
- 데이비드 마이어스, 《마이어스의 심리학개론》, 신현정·김비아 옮김, 시그마프레스,
  2022
- 마틴 셀리그만, 《마틴 셀리그만의 긍정심리학》, 물푸레, 2014
- 오경기, 《인간 이해의 심리학》, 학지사, 2020

10대를 위한

심리학을 빛낸 결정적 질문

초판 1쇄	2023년 2월 24일
지은이	이남석
펴낸이	김한청
기획편집	원경은 차언조 양희우 유자영 김병수 장주희
마케팅	최지애 현승원
디자인	이성아 박다애
운영	최원준 설채린
펴낸곳	도서출판 다른
출판등록	2004년 9월 2일 제2013-000194호
주소	서울시 마포구 양화로 64 서교제일빌딩 902호
전화	02-3143-6478 **팩스** 02-3143-6479 **이메일** khc15968@hanmail.net
블로그	blog.naver.com/darun_pub **인스타그램** @darunpublishers
ISBN	979-11-5633-529-0 (44000)
	979-11-5633-441-5 (세트)